BANQUEROUTE
ET BANQUEROUTIERS

PSYCHOLOGIE ET SCIENCES HUMAINES

G. Kellens

banqueroute et banqueroutiers

DESSART ET MARDAGA, ÉDITEURS
2, GALERIE DES PRINCES, BRUXELLES

PRÉFACE

La criminologie des affaires est à l'ordre du jour. Sous ce terme général, l'on se propose d'étudier des activités hétérogènes allant de la criminalité en col blanc à la petite délinquance économique et financière, des personnalités aussi opposées que celle du chevalier d'industrie et du banal escroc, et des conduites diversifiées s'étendant du crime hautement préparé et mis au point, au simple détournement, conséquence d'une situation spécifique.

Malheureusement, la criminologie des affaires n'a guère fait l'objet de recherches systématiques. Certes, la criminalité en col blanc a été approfondie par les travaux célèbres de SUTHERLAND. Mais ils n'ont été que sporadiquement poursuivis et par ailleurs l'étude de la délinquance économique et financière a été négligée.

Cette carence s'explique, tout d'abord, par le fait que les criminologues s'interrogent sur les limites de leur compétence en la matière. Le crime en col blanc est-il un crime? L'incrimination pénale n'est-elle en certains cas rien d'autre que le préalable indispensable à une opération de transaction avec les services publics? Où commencent et où finissent l'honnêteté fourvoyée, d'une part, la malhonnêteté délibérée, d'autre part? Il y a là une série de questions qui laissent le chercheur perplexe. Et d'autant plus perplexe que sa formation juridique peu consistante ne lui permet pas de se retrouver dans le dédale des subtilités du droit pénal des affaires.

Elle s'explique également par le fait que les cliniciens ont pu rarement étudier les auteurs de telles infractions. Ici encore, tout n'est pas ignoré et la personnalité de l'escroc a souvent retenu l'attention. Mais le criminel en col blanc n'est pas un escroc, il utilise la législation qui régit sa profession pour, en la tournant habilement, réaliser de gros

bénéfices. Pourtant, si l'on en croit une remarque de VE-
BLEN, reprise par SUTHERLAND, « l'homme d'argent idéal »
ne différerait du « délinquant idéal » que par ce que l'on peut
appeler une meilleure capacité d'adaptation, s'exprimant
notamment par « un sens plus aigu de la hiérarchie sociale »
et par la poursuite d'un but plus lointain. Mais si l'on envisage la personnalité criminelle dans sa réalité profonde, les
ressemblances surgissent. C'est la même absence de scru-
pules, la même « indifférence méprisante pour les sentiments et les désirs des autres » et la même absence de prise
en considération des conséquences lointaines des actes.

Il n'est point besoin d'insister davantage : ce chapitre
particulier de la criminologie doit être développé et enrichi.

Un premier pas dans cette direction vient d'être effectué par un jeune juriste-sociologue belge, M. Georges KEL-
LENS. Appartenant à la glorieuse Université de Liège, dis-
ciple du Doyen CONSTANT, un des meilleurs spécialistes du
droit pénal de notre temps, il a été attiré très tôt par la
criminologie. Avec le regretté E. YAMARELLOS, il a publié
dans la collection « Marabout Université », en 1970, sous le
titre « Le crime et la criminologie », deux volumes qui
constituent un excellent dictionnaire de criminologie. Le
voici maintenant qui nous livre une pénétrante étude criminologique sur la banqueroute. Je suis sûr qu'elle deviendra
très rapidement classique, car c'est une étude de pionnier :
elle marque le point de départ du développement de cette
recherche sur la criminalité des affaires, dont le besoin se
fait si impérieusement sentir.

La banqueroute est un phénomène criminologique spécifique. Il résulte des statistiques rassemblées par M. Georges KELLENS, qu'il n'y a pas de correspondance étroite des
banqueroutes avec des phénomènes tels que l'escroquerie
et l'abus de confiance. En revanche, les banqueroutes manifestent une sensibilité marquée à l'égard des mouvements
généraux de l'économie, et cela n'étonne point, lorsqu'on

sait que le banqueroutier « moyen » est un homme d'âge mûr, n'ayant pas de carrière criminelle spécifique, mais qui n'a pas su ou pu assumer les étapes d'une ascension socio-professionnelle trop rapide.

Je sais particulièrement gré à M. Georges KELLENS, qui n'est pas un clinicien, d'avoir tenté, sur la base d'une approche documentaire, de dégager les traits psychologiques qui émergent avec une certaine régularité dans les dossiers relatifs à 164 banqueroutiers. Ces traits, nous dit-il, composent la caricature de l'homme d'affaires. Alors que l'homme d'affaires est capable d'assumer risque et angoisse, le banqueroutier les contrôle mal, soit que chez lui la passion ou la mégalomanie l'emportent, soit encore qu'il adopte des voies déviantes. Mais il y a plus : la personnalité du banqueroutier révèle une tendance à la fuite, dont les manifestations non seulement apparaissent dans la banqueroute elle-même, mais se retrouvent dans son passé délictueux et dans le contexte psychopathologique de son histoire personnelle. Il est curieux de constater, mais les faits sont là, qu'une proportion anormale de condamnations du chef de délits de fuite est constante dans les antécédents des banqueroutiers. Ce qui est non moins significatif, c'est que l'histoire personnelle du banqueroutier est parfois marquée par des épisodes psychopathologiques, où l'obsession d'échapper à soi-même conduit à l'alcool, à la drogue, au suicide et à ses équivalents. Si les traits liés à la prise des risques et à la fuite étaient réunis chez un même banqueroutier, ils définiraient une personnalité labile s'enthousiasmant lorsque les affaires vont bien et s'affolant lorsqu'elles vont mal.

Mais M. Georges KELLENS ne s'est pas contenté d'apporter de la sorte une contribution originale à l'approche de la personnalité criminelle. Il a voulu également enrichir l'étude du passage à l'acte. De fait, la carrière criminelle du banqueroutier se traduit par un passage à l'acte d'un type particulier caractérisé par un mécanisme de « tourbillon », où se cumulent, d'une part, des faux, des escroqueries, des abus de confiance, des chèques sans provision, et, d'autre part, des coups et blessures involontaires, des injures et outrages, des délits de fuite, des conduites en état d'ivresse. Très justement, il faut, avec M. Georges KELLENS, évoquer DE GREEFF : l'altération de la personnalité qu'il a décrite dans le processus d'acte grave se produit ici à travers une longue période de crise.

J'en viens maintenant à un autre aspect du travail de M. Georges KELLENS. Il a désiré, en effet, aller plus loin que l'étude statistique et documentaire de la banqueroute. Il s'est tourné vers les Etats-Unis d'Amérique et a découvert que depuis une dizaine d'années, le crime organisé a trouvé dans la faillite de type américain — car la législation outre-Atlantique ignore les banqueroutes et ne connaît que les infractions en matière de faillite — une nouvelle forme d'expression. La faillite est le but recherché, il s'agit de faillite organisée. Des personnes sans antécédents judiciaires, mais ayant des relations avec la pègre, fondent une société de solide apparence, obtiennent d'énormes quantités de marchandises, les paient de moins en moins régulièrement, les transportent en lieu sûr et en arrivent à la faillite. Une autre manière de procéder est d'acquérir des entreprises existantes bien cotées ou de créer de nouvelles entreprises auxquelles l'on donne un nom prêtant à confusion avec des entreprises similaires et honorables. Le scénario se déroule alors, comme dans le cas précédent, mais doit être exécuté rapidement, trois à quatre mois au maximum.

L'Europe est-elle menacée par l'américanisation de la banqueroute, se demande, en terminant, M. Georges KELLENS? Il ressort de ses développements, qu'à tout le moins, ce risque existe, car l'on décèle déjà une pénétration directe et une imitation des méthodes du crime organisé en matière de banqueroute. Nous ne pouvons que souhaiter que ce risque ne se développera pas et sera contrôlé efficacement.

Une parade efficace pourra-t-elle être définie et appliquée? M. Georges KELLENS s'efforce dans un dernier chapitre d'évoquer les modalités préventives qui pourraient être mises en œuvre. Mais sa conclusion est empreinte de pessimisme. Il oppose le grand brasseur d'affaires trop habile et le petit boutiquier malchanceux qui « rejoint seul, sur le banc d'infamie, le voleur d'un pain ».

A partir de cette conclusion, je voudrais tenter de présenter quelques observations générales. Sa portée, en effet, ne se réduit pas à un romantisme sympathique. En réalité, M. Georges KELLENS rejoint discrètement la criminologie interactionniste qui, ces dernières années, a utilement attiré notre attention sur le fait que les sélections policières et judiciaires successives ont pour résultat de masquer les phénomènes de la criminalité « vraie », sous le couvert de l'inadaptation psychique, économique et culturelle. Il prouve de la sorte qu'il appartient à cette grande majorité de la jeunesse d'aujourd'hui, si soucieuse d'authenticité et, pourquoi ne pas le dire, de pureté morale. C'est un nouveau système de valeurs, une éthique adaptée au temps présent, qu'il appartient à cette jeunesse de forger. La dimension morale est une exigence de l'homme. Lorsqu'elle n'est pas satisfaite, une fausse morale, à caractère névrotique, s'installe et domine la personnalité. De proche en proche, elle gagne la société tout entière, qui, dès lors, pour tenter de distraire l'homme de son conflit, favorise le développement de la violence et du laxisme sexuel, sans s'apercevoir qu'en fait, la voie est ainsi ouverte à la décadence.

La question qui surgit est de savoir si cette analyse n'a de signification que pour les seuls pays à économie capitaliste. Pour ce qui le concerne, M. Georges KELLENS a nettement indiqué qu'une étude de la banqueroute représente une étude parcellaire du régime capitaliste. Et, en vérité, la banqueroute, cette faillite qualifiée n'existe, en principe et en tant que telle, que dans les systèmes économiques où les entreprises sont nourries, au moins partiellement, du crédit privé. Il serait, pourtant, extrêmement intéressant de rechercher si dans un système à économie socialiste, il n'existe pas des équivalents criminologiques de la banqueroute. Lorsqu'un directeur d'entreprise publique commet des erreurs de gestion, n'est-il pas, lui aussi, soumis à un mécanisme de « tourbillon »? Sa personnalité ne pourrait-elle être décrite en termes de labilité? Et il faut aller plus loin : la gestion délibérément malhonnête pourrait, peut-être, être rapprochée de la banqueroute organisée. C'est dans cette perspective également qu'il faut situer le pénétrant rapprochement que M. le Président ANCEL a effectué entre le *white collar crime* du supercapitalisme américain et le *délit de fonction* du droit pénal socialiste des démocraties populaires.

Ces réflexions et ces interrogations soulignent — une fois encore — l'intérêt capital de l'ouvrage de M. Georges KELLENS. En n'hésitant pas à s'aventurer dans la difficile criminologie des affaires, il a montré l'exemple. Qu'il me soit permis de souhaiter que son heureuse initiative provoque de nombreux courants imitatifs dans cette génération de jeunes criminologues, à laquelle il appartient et dont il s'affirme, d'ores et déjà, l'un des meilleurs représentants.

Jean PINATEL

Président de la Société internationale
de criminologie

LIMINAIRE

Il est peu de recherches qui soient vraiment le travail d'un seul. Consciemment ou non, des liens de collaboration se tissent et sécrètent l'ouvrage sur lequel un seul appose son nom.

Pour entreprendre une étude criminologique de la banqueroute, il convenait tout d'abord de s'assurer de l'intérêt et de la nouveauté du sujet et de l'aborder en prise directe sur la réalité. A ce stade, le concours d'éminents praticiens, particulièrement M. le professeur Coppens, M. le président Frédérick et M. le président Van der Gucht, me fut extrêmement précieux.

La collecte des données fut considérablement allégée par les services de statistiques criminelles, commerciales et civiles de la plupart des pays étudiés : en Belgique, M. R. Ledent, de l'Institut national de statistique, me témoigna un dévouement que je ne puis passer sous silence. Par ailleurs, M. le professeur J. Dupréel, secrétaire général du Ministère de la justice, me fit ouvrir, avec beaucoup de bienveillance, les dossiers du Service belge d'anthropologie pénitentiaire, et M. Koumoth, procureur du Roi à Verviers, me facilita l'accès aux sources judiciaires. Enfin, un séjour d'étude à l'Institut Max Planck de droit pénal étranger et international, que M. le professeur H. H. Jescheck me permit de réaliser dans les meilleures conditions, mit à ma portée une documentation juridique et criminologique considérable.

La première version de mon manuscrit fut lue, avec infiniment de minutie et de patience, par mon maître, M. le baron J. Constant, et par mon père, feu l'avocat général J. Kellens. Dans un état plus élaboré, le texte suscita les remarques éclairées de MM. les professeurs J. Paulus, H. Bekaert, L. Dabin, M. Richelle, et les observations approfondies de MM. A. Davidovitch, maître de recherches au

C.N.R.S., et Ph. Robert, chef du Service d'études pénales et criminologiques à Paris.

Que, cités ou non, tous ceux qui ont contribué à la naissance de cet ouvrage reçoivent ici le témoignage de ma gratitude.

G. K.

Note générale

Les chiffres ordinaires entre parenthèses dans le texte renvoient à la bibliographie en fin d'ouvrage, les petits chiffres supérieurs, aux notes en fin de chapitre.

INTRODUCTION

1 « *Crimen extraordinarium sui generis* » selon Rappaport (131), la banqueroute serait-elle un domaine si mystérieux du droit et de la criminologie?

Dans un sens très large, la banqueroute est une déroute, une débâcle, un échec, un naufrage, de toute façon une catastrophe.

Dans son sens précis et étymologique, c'est un accident de la vie des affaires, entouré de certaines circonstances ou suivi de certains mécanismes de défense que la société juge intolérables pour le bon ordre de sa vie économique.

2 Comme terrain d'étude, la banqueroute représente un sujet limité, à trois égards au moins.

1° Une étude de la banqueroute représente une étude parcellaire du fonctionnement d'un *système capitaliste* (Fattah, 57).

La banqueroute est, en effet, en somme une faillite qualifiée : c'est une institution juridique dont l'objet est d'assurer le respect d'une certaine organisation de l'égalité des créanciers, à l'encontre de comportements qui y portent atteinte ou qui la mettent en danger.

Elle n'existe donc, en principe, en tant que telle, que dans les systèmes économiques où les entreprises sont nourries, au moins partiellement, de crédit privé.

Encore les pays d'économie capitaliste se distinguent-ils suivant qu'ils limitent la notion de banqueroute aux entreprises, aux offreurs de biens et de services, ou qu'ils y incluent les ménages, les demandeurs de biens et de services (Kellens, 89).

L'usage de données trans-culturelles, et notamment de statistiques comparatives, présente dès lors certaines difficultés.

2° L'étude de la banqueroute est tributaire de l'application de la loi *par les tribunaux.*

Il ne peut y avoir d'étude criminologique de la banqueroute que dans la mesure où certaines personnes — en principe des commerçants — sont marquées du sceau infamant de « banqueroutier ». Certaines décisions de justice le disent clairement, distinguant deux phases dans leur dispositif : une première où telle personne est « *déclarée banqueroutière* », et une deuxième où elle est condamnée, du chef de banqueroute simple ou frauduleuse, à telle peine [1].

Ces deux étapes de stigmatisation sont d'ailleurs précédées par une phase préliminaire du processus de sélection où la cessation de paiement est détectée et éventuellement proclamée dans un jugement de faillite, certaines conditions particulières permettant ensuite de qualifier cet état de « banqueroute ». Dans certains systèmes juridiques, l'absence d'une décision de faillite émanant d'une juridiction commerciale interrompt le processus de sélection. D'autre part, dans certains systèmes à l'exclusion d'autres, la déclaration de faillite en soi est déjà une peine disciplinaire, ce qui pourra être une raison de ne pas pousser plus avant le processus d'étiquetage.

L'étape de procédure civile ou commerciale franchie, la phase de stigmatisation purement pénale laisse encore aux organes judiciaires une marge d'appréciation telle qu'il ne paraît pas possible d'adopter comme objet d'étude des personnes qui n'ont pas été officiellement déclarées banqueroutières. L'étude criminologique de la banqueroute doit donc se situer après l'œuvre de justice.

3° L'étude criminologique de la banqueroute présente un troisième ordre de limitations : tributaire du travail des tribunaux, le matériel d'étude est, au préalable, forgé par *la loi* — plus ou moins adéquate — et par *les organes* — plus ou moins qualifiés — *chargés d'en assurer l'application.*

La banqueroute présente cette caractéristique de n'être *pas avant tout une conduite mais un état* résultant de conduites qui peuvent s'être échelonnées sur une longue période de temps. Comportement de crise, il peut dominer le comportement d'une personne pendant toute une portion de son existence et être détecté par le Parquet, soit dans son unité, soit, successivement, sous la forme d'une série d'épiphénomènes traduisant les prodromes de la crise : chèques sans provision, abus de confiance, détournement d'objets saisis, outrages à huissier, se détachant éventuellement sur une toile de fond d'anxiété et de désintégration sociale, que traduiront concubinage, divorce, abandon de famille, délits de fuite, etc.

L'idée familière de la récidive pourra apparaître tout à fait inadéquate pour décrire ce comportement qui présente une unité fondamentale, et les distinctions de différents niveaux de banqueroute — simple, frauduleuse, etc. — pourront sembler jeux d'enfants : la banqueroute simple de l'agent de change qui aura par ailleurs détourné de leur destination les valeurs qui lui avaient été confiées pourra être bien plus grave que la banqueroute frauduleuse de ce pauvre hère qui, dans l'affolement de la perte de son rôle, cherchera à mettre à l'abri des poursuites de ses créanciers certains éléments de son patrimoine.

3   Malgré ces limitations, l'intérêt d'une étude criminologique de la banqueroute est multiple. Nous nous bornerons à en souligner trois aspects.

1° La banqueroute représente un secteur nettement circonscrit, particulièrement propice à des études de *criminologie « spéciale »*.

Chacun reconnaît l'intérêt d'études particulières et encourage l'élaboration de théories limitées applicables à certains types de criminels ou de crimes, « de même qu'on explique des maladies et non pas la maladie »[2].

Mais, si l'on excepte des secteurs privilégiés comme l'homicide, le suicide, les bandes de jeunes, les toxicomanies, peu de chercheurs s'engagent dans cette voie[3].

Le principal handicap de ce genre de recherches résulte sans doute de la grande difficulté de déceler l'entité sociologique qui sous-tend le concept juridique de l'infraction (Sutherland et Cressey, 155). De même que Cressey a pu préférer étudier le phénomène sociologique de la « *criminal violation of financial trust* » plutôt que l'abus de confiance au sens juridique du terme, on peut se demander si la banqueroute constitue un *phénomène dont les contours sont suffisamment décelables dans la réalité sociologique* pour qu'il puisse faire l'objet d'une étude spécifique. Mais la réponse à cette question réside précisément dans une première étude spécifique, qui permettra, par-delà la dynamique propre de la banqueroute, de tester certaines hypothèses générales.

2° La banqueroute revêt un intérêt spécial en raison des *tensions* qui se manifestent, à son sujet, *entre l'économie, la jurisprudence et l'opinion*.

L'opinion est peu sensibilisée à des affaires difficiles, qui lèsent avant tout d'autres commerçants, ou des organismes parastataux comme la Sécurité sociale, ou l'Etat, dans ses ressources fiscales : la chose est alors, somme toute, savoureuse : ne dit-on pas de l'argent de l'Etat qu'il est la « farine du diable » (Schultz, 141)[4] ? En revanche, elle réagit violemment lorsque l'affaire ne se déroule plus en « vase clos », lorsque le public est touché par exemple par la banqueroute d'une société d'assurances, ou d'une société nationale d'habitations à bon marché : elle est alors outrée, et les manchettes des journaux appliquent à l'affaire l'étiquette traditionnelle de « scandale financier ».

Economiquement, cependant, la banqueroute n'est pas un phénomène bénin. On a pu estimer avant 1929 aux Etats-Unis que les faillites frauduleuses lésaient directement les créanciers d'environ 1/2 billion de dollars par an, contre 1/4 de billion pour les abus de confiance ordinaires et 100 millions de dollars pour les crimes conventionnels contre les biens (Barnes et Teeters, 3)[5]. Au Canada, les pertes dues aux faillites « sont si élevées que même une faible proportion de banqueroutes représentent un montant considérable » (Prévost, 127). Si certains économistes ont pu affirmer « qu'en dépossédant les créanciers, la faillite frauduleuse permet l'enrichissement d'un individu ou d'un groupe d'individus et peut favoriser, dans certaines conditions, l'apparition d'entreprises nouvelles » (Fattah, 57), il n'en reste pas moins que les banqueroutes provoquent essentiellement des réactions en chaîne (Dix, 51), augmentent le coût des affaires (Zirpins et Terstegen, 180), démoralisent l'opinion (Bähr, 2; Schultz, 141).

Le droit n'a d'ailleurs jamais désarmé devant la banqueroute. Née au Moyen Age, la banqueroute a, dans la plupart des sociétés, été considérée de manière stable comme un crime [6] dont le traitement a toujours été très parallèle à celui du vol. Les peines de la banqueroute se sont maintenues à un certain niveau de gravité, et des voix de spécialistes se font entendre, en Angleterre notamment (Board of Trade, 12), dans le sens de l'aggravation des sanctions, résistant à la mansuétude manifestée, de longue date, par la jurisprudence (Aubry, 1).

Prototype de l'infraction d'affaires dans les législations, peu réprouvée par l'opinion et la jurisprudence, la banqueroute représente un secteur de tension du droit qui, par cela seul, mérite qu'on s'y attache.

3° Une troisième justification d'une étude criminologique de la banqueroute réside dans la *difficulté de son classement*. L'épithète de « crime en col blanc » [7] ne convient qu'imparfaitement à la banqueroute. Si elle peut, en certains cas, être le fait de professionnels de condition élevée, elle s'applique plus généralement à des novices qui ont voulu faire l'expérience d'une ascension sociale trop rapide, à laquelle ils n'étaient moralement ou techniquement pas préparés. La qualification de « délit de chevalier » *(Kavaliersdelikt)* (Helfer, 69) ou de « délit des honnêtes gens » (Ellenber-

ger, 55) lui conviendraient sans doute davantage. Le banqueroutier vrai, à l'exclusion de l'escroc accidentellement banqueroutier, ne se considère pas comme un ladre et n'est pas
considéré comme tel par le public, qui apprécie surtout
l'homme qui a osé, mais à qui la chance n'a pas souri.
L'angoisse de la perte de ce rôle d'homme d'action qui a
pignon sur rue pourra apparaître comme une des principales
explications des cas particuliers de banqueroute. Seule une
analyse systématique permettra de se dégager d'*a priori* et de
situer exactement la banqueroute dans la réalité criminelle.

*
*   *

4   Le présent ouvrage comporte six chapitres.

Le premier est consacré à la présentation du sujet :
études antérieures, matériel, hypothèses et concepts utilisés
pour l'étude présente.

Les trois chapitres suivants présentent les résultats de
notre analyse aux trois niveaux d'interprétation du phénomène criminel : les banqueroutes, le banqueroutier, la banqueroute.

Le chapitre V est consacré à une vision prospective de la
banqueroute, au départ de documents américains, cependant
que le dernier chapitre indique certaines directions de prévention dans ce domaine.

*
*   *

NOTES de l'introduction

[1] Telle est notamment la pratique du tribunal correctionnel de Bruxelles, ainsi qu'elle apparaît dans les publications d'extraits de jugements de condamnation du chef de banqueroute prescrites par la loi : voy., parmi les plus récents, les jugements publiés au *Moniteur belge* du 19 juin 1974, pp. 8573-74. Ce n'est là d'ailleurs qu'une application scrupuleuse de la loi belge du 18 avril 1851, qui prévoit que le commerçant failli, déclaré banqueroutier simple ou banqueroutier frauduleux (art. 753 et sv.), est puni correctionnellement ou criminellement (art. 438 et C. pén., art. 489 et sv.).

[2] « Il paraît vain... de rechercher un principe unique qui gouvernerait aussi bien le comportement d'un adolescent qui vole une voiture pour parader devant sa petite amie, que celui d'un tueur du syndicat du crime ou celui d'escrocs de grande envergure » (Szabo, 157).

[3] Quelques exceptions cependant : par exemple Cressey pour l'abus de confiance, Lemert pour les faux chèques, etc. (voy. Hood et Sparks, 74).

[4] « Le vol n'est plus le vol, quand il s'agit des deniers de l'Etat; on tire vanité de la fraude » (QUÉTELET, A., *Du système social et des lois qui le régissent,* Paris, Guillaumin, 1848).

[5] En France, la charge que représentent pour les victimes (entreprises et particuliers) les infractions entraînant transfert de possession, est évaluée à un total de 1 193 600 000 F.F., dans lequel « diverses infractions économiques et financières » interviennent à concurrence de 513 900 000 F.F., contre 162 000 000 pour les vols de grands magasins et 10 400 000 pour les hold-up et agressions à main armée (ROBERT, Ph. et BOMBET, J.P., Le coût du crime en France, *Ann. int. criminol.,* 1970, 599-651).

[6] Le crime est entendu ici non dans son sens pénal mais dans son sens criminologique. En droit pénal, les crimes sont les infractions punies des peines les plus graves, par opposition aux délits et aux contraventions. En criminologie, le crime est tout acte puni d'une peine, c'est-à-dire d'un registre de sanctions relevant de la police et du juge.

[7] Le crime en col blanc *(« white collar crime »)* désigne les activités illégales déployées par des personnes respectables et de condition élevée (qui portent normalement le « col blanc ») en relation avec leurs activités professionnelles (Sutherland, 154).

CHAPITRE I

UNE NOUVELLE ÉTUDE
DE LA BANQUEROUTE

I. ÉTUDES ANTÉRIEURES

5   La banqueroute n'est pas une *terra incognita* de la criminologie.

Plusieurs thèses lui ont été consacrées, différents ouvrages y font allusion, et même certains traités généraux lui réservent une place non négligeable.

Les juristes lui ont cependant réservé une place beaucoup plus importante que les criminologues, consacrant à la banqueroute des traités spécialisés, plus ou moins anciens selon les législations, particulièrement nombreux et détaillés en Italie, et même certains ouvrages de droit comparé (voy. Kellens, 89).

Par ailleurs, sur le plan criminologique, les ouvrages relatifs à la banqueroute sont généralement purement phénoménologiques, rendant compte de la situation judiciaire d'une institution dans des aires géographiques limitées. Le sujet méritait une étude plus large et un soutènement théorique plus affirmé.

6   Les ouvrages de criminologie spéciale *consacrés à la banqueroute* sont rares.

Ils se limitent, pratiquement, à quatre thèses allemandes, à une série d'études suédoises, aux travaux d'une commission d'enquête canadienne et à quelques articles financiers et policiers américains.

Les quatre monographies allemandes sont des thèses de doctorat en droit. Elles sont cependant juridiques à des degrés divers.

W. Ullrich (167) a étudié tous les dossiers de poursuites

en matière de faillite de la section économique *(Wirtschafts-abteilung)* du Parquet de Essen de 1945 à 1958, soit 87 dossiers soumis au tribunal *(Hauptverfahren)* et 920 dossiers d'information *(Ermittlungsverfahren)*. Il transpose des distinctions juridiques entre les infractions qui diminuent la masse, celles qui augmentent le passif, les absences de bilan, et les absences de déclaration de la faillite. Il étudie de façon assez approfondie la réaction judiciaire aux infractions commises dans ce domaine : peines prononcées, circonstances aggravantes ou atténuantes exprimées, exercice de voies de recours, déroulement de la procédure.

La recherche de F. A. Skrotzki (146) porte sur 33 dossiers de faillite et 57 dossiers de délits en matière de faillites, soumis par le Parquet de Hanovre aux juridictions de la circonscription de 1955 à 1957. Fort proche de la précédente par sa structure, elle s'en distingue par un substrat théorique plus net, et une grande minutie dans l'analyse de l'histoire des entreprises faillies et des antécédents héréditaires et personnels des faillis. Des graphiques mettent en évidence l'évolution, mois par mois, des difficultés d'entreprises animées généralement par un seul homme, malgré la façade d'une S.P.R.L. Délinquants surtout par angoisse de la faillite, ils connaissent une carrière criminelle tardive après une expérience commerciale à laquelle ne les préparait pas la tradition familiale. Etre commerçant paraît avoir représenté pour eux la conquête d'une liberté professionnelle qui les a menés rapidement à la débâcle : la moitié seulement des personnes qui composent l'échantillon étaient indépendantes depuis plus de cinq ans. Les dommages les plus importants avaient été occasionnés par des personnes précédemment condamnées. Les tribunaux retiennent la compétence (les bonnes connaissances commerciales) comme une circonstance aggravante.

U. Neubauer (113), dans son étude de l'arrondissement judiciaire de Düsseldorf de 1948 à 1959, fournit un certain

nombre de recoupements utiles, sur la proportion d'acquittements, la criminalité latente, le taux de criminalité féminine,
de strates d'âges, de mariage, de qualification professionnelle, de casiers judiciaires chargés d'infractions routières,
ainsi que des indications sur les peines prononcées et les
circonstances atténuantes et aggravantes qui ont influé sur
leur niveau.

Enfin, H. Hammerl (67) situe sa recherche dans la
perspective de la réforme du droit allemand. Il souligne la
concentration des banqueroutes dans certaines branches
industrielles (la construction notamment), s'attarde au nombre des victimes (quelque cinquante par délit) et à l'ampleur
des dommages (dont il ne fournit que des évaluations par
affaire). Il distingue nettement, sur le plan criminologique,
banqueroutes simples et banqueroutes frauduleuses, et ré-
partit leurs auteurs en récidivistes (notamment d'escroquerie) et occasionnels. Les sources criminologiques sont
constituées essentiellement de cas puisés dans la doctrine et
dans la presse.

En Suède, K. Lithner (99) a étudié l'ensemble des
poursuites du chef d'infractions en matière de faillite inten-
tées par le procureur de l'Etat dans la province de Göteborg
de 1943 (date d'une réforme du Code pénal dans ces matières)
à 1955, soit des dossiers relatifs à 58 personnes (52 hommes et
6 femmes) dans le cadre de 52 faillites. 13 de ces cas avaient
été poursuivis par l'auteur de l'article, lui-même membre du
ministère public, et convaincu de la gravité des infractions de
faillite et de la rentabilité du temps de travail considérable
requis par ce genre d'affaires. Condamnés, pour 35 d'entre
eux, du chef d'infractions comptables, ils ont généralement
été poursuivis sur le rapport du curateur. L'âge moyen des
auteurs était de 34 ans, et dans 36 des cas étudiés le comportement criminel avait débuté en même temps que l'entreprise
commerciale. Récidivistes dans une proportion nettement
plus faible que l'ensemble des personnes condamnées durant

la même période, ils ont pratiquement tous continué le même commerce ou la même profession (essentiellement petits entrepreneurs de construction et détaillants de radio), parfois en l'immatriculant au nom de l'épouse.

Au Canada, les travaux de la Commission québécoise d'enquête sur l'administration de la justice criminelle et pénale — dénommée, du nom de son président, la « commission Prévost » — ont porté, partiellement, sur les faillites frauduleuses au Québec (127). Avec les attaques à main armée et les vols de voitures, elles ont été considérées comme l'un des « pics », l'un des secteurs spécifiques de criminalité présentant une importance particulière pour la province de Québec. L'opinion publique était en effet très sensibilisée au phénomène des banqueroutes, à la suite d'affaires retentissantes de faillites « planifiées », recherchées en tant que telles, ou risquées sans capital sérieux au départ.

L'affaire Becotte en est un exemple typique. Après un apprentissage de la législation chez différents syndics *(trustees)*, Becotte utilisa, dans plusieurs centaines d'affaires qui s'étalèrent sur près de quinze années, un nombre limité de techniques éprouvées : il s'introduit dans des entreprises en difficulté, paralyse les actions dirigées contre le débiteur et disperse l'actif avant que la faillite soit déclarée et hors délais « suspects ». Il devient lui-même créancier principal, convoque l'assemblée générale à Montréal, de façon qu'il soit pratiquement seul à s'y rendre, prend ainsi le contrôle de la faillite en faisant désigner ses créatures aux postes clés de syndic, d'inspecteur, etc. Il restaure enfin la situation du débiteur en lui obtenant la *« discharge »*, et prélève ses honoraires.

Crimes organisés sans rapport avec le crime organisé [1], ces faits relèvent avant tout d'un « génie » de l'escroquerie, rompu aux techniques juridiques grâce à un apprentissage qui évoque les « associations différentielles » de Sutherland [2], et non exempt d'un certain code éthique qui se traduit en une loyauté inconditionnelle envers le client débiteur, sans aucun égard aux créanciers.

Dans ce « marché » *(ring)* des faillites frauduleuses au Québec, d'autres brillent de façon plus traditionnelle : incendiaires professionnels prélevant le montant surfait des capitaux assurés, créateurs de sociétés « fantômes » ou sociétés de façade destinées à attirer frauduleusement des capitaux dans des entreprises inexistantes, s'occupant spécialement de bois de charpente et de matériaux de construction.

Au plan de la prévention, le rapport de la Commission Prévost insiste sur l'importance des créanciers — « sans crédit, pas de fraudes en matière de faillites » —, trop absents et trop peu vigilants, qui se grouperaient sans doute davantage en associations professionnelles pour la protection de leurs droits, si le privilège dont jouit l'Etat pour ses créances était limité. La Commission appelle de ses vœux une centralisation plus poussée des informations, la constitution de « tribunaux de commerce » du type français, la spécialisation de la magistrature, la suppression de la distinction artificielle entre les fraudes prévues par le Code pénal et les fraudes prévues par la loi sur les faillites.

Contrairement au Canada, le « scandale des faillites » aux Etats-Unis concerne avant tout les débâcles de particuliers et les faillites organisées qui représentent l'une des ressources du « Syndicat du crime ». Nous précisons ce point au chapitre 5.

7   A côté de cet ensemble d'études consacrées à la banqueroute ou à certaines formes de banqueroutes, il est des *ouvrages dont la zone d'intérêt est plus large*, qui brassent la matière de la faillite criminelle de façon originale, apportant d'heureuses orientations théoriques.

Il en est ainsi d'ouvrages relatifs, d'une part, à la faillite, d'autre part, à la criminalité économique.

8   Plusieurs études de la faillite comportent des éléments criminologiques. Relevons spécialement, outre une étude de

H. Jacob relative aux attitudes des faillis face à l'appareil judiciaire, les travaux de trois commissions gouvernementales, respectivement française, anglaise et américaine.

H. Jacob (81) s'est intéressé à l'expérience judiciaire des débiteurs, en comparant les attitudes de débiteurs soumis à une saisie de salaire *(garnishees)* et de débiteurs déclarés en faillite *(bankrupts)*, à celles d'un groupe de contrôle constitué de personnes n'ayant pas d'expérience judiciaire personnelle de saisie ou de faillite. Si, dans le système anglo-saxon, la saisie est une expérience désagréable fréquemment suivie du soulagement de la faillite, il n'en reste pas moins que les plus cultivés ressentent douloureusement le stigmate apporté par la faillite : l'expérience judiciaire paraît d'autant plus douloureuse que le sujet a reçu une éducation plus raffinée.

L'Inspection générale des finances de France a publié le rapport (48) qui a été à l'origine directe de la réforme apportée à la matière de la faillite par la loi du 13 juillet 1967. Parmi les méthodes utilisées, les enquêteurs « ne se sont pas contentés de voir des dossiers ni de méditer sur des chiffres. Ils ont multiplié les contacts avec les hommes de métier et les spécialistes avertis du problème et mené de front enquêtes sur place et études proprement dites ». Le « rapport Delmas » — ainsi dénommé du nom du président de la Mission « faillites », l'inspecteur général Delmas — apporte à une étude de la banqueroute une réflexion préliminaire sur la conception de la faillite en France et notamment sur le rôle des sanctions personnelles « qui sont de nature à faire réfléchir les intéressés 'avant' et à prévenir, 'après', la contagion de l'exemple ».

De portée essentiellement juridique, le rapport Delmas envisage cependant, à côté de l'actualité et de l'utilité que la faillite présente pour l'économie en tant qu'institution juridique, une évaluation du résultat financier auquel aboutissent annuellement en France les procédures de faillite et de règlement judiciaire. On note particulièrement que le montant moyen par affaire du passif enregistré en 1963 représentait 270 000 F, les faillites totalisant dans l'ensemble seulement 32 % du passif total, contre 68 % pour les règlements judiciaires, et les personnes physiques représentant environ le 1/3 et les sociétés les 2/3. Sans doute la plupart des sociétés mises en faillite ou en règlement judiciaire sont-elles des S.A.R.L., ou des sociétés plus ou moins fictives dissimulant une entreprise qui est en réalité individuelle (Houin, 77).

Le rapport présenté au Parlement par le *Board of Trade* britannique (12) a été, lui aussi, rédigé dans l'optique d'une réforme législative. D'un point de vue criminologique, il contient surtout de précieuses indications sur la pratique judiciaire, particulièrement bienveillante à l'égard des faillis, et qui tranche curieusement avec l'appel au renforcement des pénalités lancé par les auteurs du rapport : afin d'accroître la puissance de dissuasion du droit pénal de la faillite, ils suggèrent d'élever le montant maximal des peines, sans pour autant supprimer la possibilité pour le juge de prononcer de modestes amendes — car sinon « il aurait parfois la tentation de ne prononcer aucune condamnation » !

Le sous-comité sénatorial américain sur la faillite a, enfin, publié la sténographie de ses séances (Dix, 51). On en retient essentiellement une image récente de la faillite aux Etats-Unis. Dans une économie fondée sur le crédit à la consommation, ce sont surtout les faillites personnelles de consommateurs qui représentent un péril, d'autant plus grave que la législation de l'Etat fédéré est plus libérale [3]. Ce rapport nous permettra, au chapitre consacré à des éléments de prospective (chapitre 5), de dégager les particularités du terrain social dans lequel s'implantent les banqueroutes américaines.

9   La *criminalité économique* a fait l'objet d'ouvrages, essentiellement de langue allemande, qui ne négligent pas la criminalité en matière de faillites.

Le plus important est sans doute celui de W. Zirpins et O. Terstegen (180), consacré à la criminalité des affaires. Un chapitre important est consacré aux « délits d'insolvabilité » *(Insolvenzdelikte)*. Outre un exposé juridique, on y trouve certaines données statistiques — mises en parallèle, à un autre chapitre, avec les statistiques d'incendies —, une étude des causes de l'insolvabilité, externe (la conjoncture du marché ou du crédit), et interne (incompétence, ou troubles caractériels); une approche des moyens de « sauvetage » d'un débiteur insolvable; une tentative de typologie criminologique des comportements criminels en rapport direct ou indirect avec une insolvabilité, certains d'entre eux étant qualifiés de « conduites convulsives » *(Krampfhandlungen)*; une évaluation des incidences financières et morales des infractions dans ce domaine; enfin, un exposé de criminalistique traitant de façon détaillée et pratique de l'enquête policière dans les différentes affaires envisagées.

A côté de cet ouvrage fondamental, dont le propos est précisé dans des articles isolés (Zirpins, 179), différentes études de criminalité économique apportent certaines lumières sur la matière de la banqueroute. Qu'il s'agisse de G. Bertling (11), de G. Bartsch (4), de G. Bähr (2), de H. Knecht (91), de H. Schultz (141), les auteurs envisagent surtout les banqueroutes sous leurs formes frauduleuses, en insistant sur la difficulté de ce genre d'affaires où le passage à l'acte a été « réfléchi et raffiné », et où les poursuites achoppent sur la considération dont jouissent les accusés, et sur l'imbrication de règles de droit civil, de droit pénal et de droit commercial qui postulent une compétence particulière du policier et du magistrat. La situation présente est décrite comme une trop fréquente capitulation devant la complexité des affaires graves : « on pend les petits, on laisse courir les gros… ».

Une étude de J. Spencer menée à la prison anglaise de Leyhill sur un groupe de « petits criminels en col blanc » (149) mérite un intérêt particulier et nous nous y référons à plusieurs reprises. Dans la ligne de Merton, il a étudié les crimes « en col blanc » comme un comportement « normal », approprié, dans une structure sociale donnée, et le comportement qui a conduit chacun à l'emprisonnement a été envisagé dans le contexte du groupe social auquel il a été ou voudrait être identifié. De là des remarques fructueuses sur les rôles assumés, les conflits de normes liés à une « mobilité sociale ascendante » recherchée en tant que telle, les rationalisations — « tout le monde le fait » —, le sentiment de rejet et les troubles psychologiques résultés d'une lutte intérieure entre trop d'objectifs.

Le groupe étudié par Spencer ne comporte que trente personnes, seize d'entre elles étant tombées en faillite. Mais l'étude clinique, rare dans ce secteur de recherche, apporte d'intéressantes notations sur le processus qui a mené à la débâcle de petits chevaliers d'industrie, travaillant seuls, pas très compétents et percevant mal, d'une morale assez pauvre, la ligne de démarcation, d'ailleurs « parfois très arbitraire », entre l'insolvabilité et la fraude. La décision de poursuivre est largement dépendante de l'attitude des créanciers et de la facilité avec laquelle l'actif peut être réalisé pour couvrir le passif. Ainsi, le « chiffre noir »[4] sur lequel s'appesantissent les criminologues allemands, paraît finalement moins inquiétant que le chiffre des poursuites effectivement entreprises.

C'est également sur la politique judiciaire qu'insiste A. Davidovitch lorsqu'il étudie, de façon générale, le mécanisme des abandons de poursuites en France (43) : il s'exerce au niveau du ministère public un filtrage tel que, dans certains ressorts judiciaires ou dans certains secteurs de la criminalité, on ne défère à la juridiction que des affaires qui donneront presque à coup sûr lieu à condamnation.

Dans une autre étude, où la banqueroute est envisagée plus précisément, les acquittements, fort nombreux malgré cette politique, sont considérés comme des indicateurs du besoin social de répression (41).

10   La banqueroute est généralement absente dans les *traités généraux*. Sans doute les grands classiques — Lombroso, Ferri, Quételet, Tarde, etc. — pourront-ils être évoqués dans cette étude. Mais seul W. A. Bonger (14) paraît avoir eu l'attention particulièrement attirée par les problèmes de la banqueroute. Encore a-t-il limité son propos aux banqueroutes frauduleuses, et a-t-il quelque peu compromis sa démonstration de l'influence criminogène des conditions économiques en mêlant banqueroutes frauduleuses, falsifications des denrées alimentaires et «crimes analogues». Mais la tripartition qu'il propose en banqueroutiers-escrocs, banqueroutiers par cupidité et banqueroutiers victimes de la structure ou des conditions économiques, servira de point de départ à notre réflexion sur la sensibilité des banqueroutes aux mouvements de l'économie (*infra*, chapitre 2).

11   Il va de soi que, par-delà monographies et ouvrages généraux, il sera fait usage de nombreuses études — en particulier de comportements comparables, à certains égards, tels que le suicide ou la désertion — dont il est inutile de fournir la liste et l'analyse dans ce chapitre.

*
* *

II. MATÉRIEL, HYPOTHÈSES ET CONCEPTS

12   Par hypothèse, nous réserverons le *concept de banqueroute* aux hommes d'affaires. Même dans les pays qui, tels les Etats-Unis, admettent la faillite du simple particulier, la distinction entre les faillites d'«entreprises» et les faillites de «ménages» réapparaît dans la doctrine et dans les rapports officiels (Dix, 51). Les problèmes qui se posent dans les deux cas sont nettement différents : ainsi la prise de risque est, jusqu'à un certain point, normale en affaires, elle ne l'est pas pour des particuliers.

La banqueroute sera donc, en principe, la débâcle d'un homme d'affaires, sanctionnée pénalement.

13 Ce phénomène criminel, nous l'aborderons en trois plans ou « niveaux d'interprétation », plus ou moins vastes, nettement dégagés par J. Pinatel (123) : la criminalité, le criminel, le crime.

14 1° La *criminalité* est le phénomène de masse étudié à l'échelle de la société globale. On peut à ce niveau mettre en lumière les rapports qui existent entre la criminalité et les phénomènes géographiques, économiques, culturels, politiques.

15 Pour l'étude du mouvement des banqueroutes, nous avons choisi de comparer les statistiques disponibles dans les six pays fondateurs du Marché commun et l'Angleterre et, au sein de chacun de ces pays, l'évolution, sur une période de cinquante années, d'un certain nombre de phénomènes criminels — banqueroutes, vols, escroqueries, abus de confiance, faux, incendies volontaires —, para-criminels — suicides —, et économiques : les cycles économiques.

La première démarche a consisté à rassembler des données statistiques reflétant les oscillations de la vie économique d'une part, des faillites et des procédures analogues, et des banqueroutes, d'autre part. Le cadre de recherche a été délimité, dans l'espace, à l'ensemble, relativement homogène, des six pays fondateurs du Marché commun et de l'Angleterre, et, dans le temps, à cinquante années, englobant les deux guerres mondiales et la grande crise économique, soit la période de 1910 à 1960.

Comme mesure approximative des mouvements généraux de l'économie, nous avons choisi les statistiques industrielles publiées par l'O.E.C.E. en 1958, qui couvrent la période de 1901 à 1957 (1938 = 100) (116), en tenant compte aussi, en ce qui concerne la Belgique, de l'indice de la production industrielle élaboré par le Département d'économie appliquée de l'Université libre de Bruxelles (D.U.L.B.E.A.) (Base 1953 = 100) (Carbonnelle, 20).

La collecte des renseignements statistiques concernant les faillites et les banqueroutes dans les différents pays envisagés est plus complexe. Les statistiques criminelles internationales ne sont, en ce qui concerne les banqueroutes, que d'un faible secours[5]. La seule ressource est donc de faire appel aux services statistiques de chacun des pays concernés, et les demandes de renseignements connaissent des fortunes diverses, allant de la réponse complète à la réponse évasive, en passant par la réponse lacunaire et le procès-verbal de carence.

L'Institut national de statistique à Bruxelles, le *Centraal Bureau voor de Statistiek* à La Haye, et le *Board of Trade* à Londres, nous ont fourni des renseignements complets.

Les services statistiques de deux autres pays, malgré leur esprit de collaboration, n'ont pu fournir des renseignements entièrement utilisables : il s'agit de l'Italie et du Grand-Duché de Luxembourg. En ce qui concerne la banqueroute en Italie, seules sont disponibles les données statistiques relatives aux années 1910 à 1930 : les années 1931 à 1949 manquent pour l'ensemble de la statistique, et, depuis, seuls sont envisagés les délits prévus par le Code pénal, à l'exclusion notamment des délits — telle la banqueroute — prévus par la législation commerciale. Encore lesdites statistiques sont-elles sujettes à caution pour les années 1922 à 1930, où les chiffres comprennent non seulement les banqueroutes, mais l'ensemble des délits prévus par le Code de commerce. En ce qui concerne le Grand-Duché de Luxembourg, seules existent les statistiques de faillites et concordats depuis 1928, cependant que les statistiques criminelles n'ont débuté qu'en 1962, le nombre des banqueroutes recensées y étant d'ailleurs trop réduit pour faire l'objet de comparaisons.

Du *Statistisches Bundesamt* à Wiesbaden, nous avons obtenu un certain nombre de données, outre la référence des volumes de la statistique allemande qu'il convenait de consulter: ces renseignements nous ont permis de puiser avec moins de difficultés dans les ouvrages que nous avons pu consulter à la *Stadt- und Universitäts- Bibliothek* de Cologne. Enfin, l'Institut national de la statistique et des études économiques à Paris nous a renvoyé au Ministère de la justice, où nous avons pu consulter, sur place, les volumes nécessaires du Compte général de l'administration de la justice.

Notre propos, en réunissant ces matériaux statistiques de différents pays, n'est pas de les comparer entre eux. Nous nous heurterions, ce faisant, à la condamnation lapidaire de J. Pinatel, pour qui « l'élaboration de statistiques internationales suppose l'existence de statistiques nationales. Mais les statistiques nationales établies, des difficultés quasi insurmontables surgissent, en raison de la diversité des qualifications des infractions de pays à pays. Elles ne peuvent donc avoir de valeur scientifique, puisque les statistiques nationales ne sont pas comparables entre elles » (123). En l'occurrence, le droit comparé de la banqueroute accuse une étroite similitude entre les institutions des différents pays d'Europe occidentale, mais la comparaison achopperait, dans une certaine mesure, sur la difficulté d'isoler, dans les pays qui admettent la banqueroute des non-commerçants, les seuls cas de banqueroutes d'hommes d'affaires, et, d'autre part, sur la corrélation plus étroite entre les faillites et les banqueroutes dans les pays où la déclaration civile de faillite est la condition d'une condamnation du chef de banqueroute (Kellens, 89). Une difficulté supplémentaire résulterait des modifications territoriales intervenues dans certains pays, telle l'Allemagne, au cours de la période étudiée. La comparabilité des différents phénomènes dans les pays envisagés est cependant suffisante pour permettre de tester plusieurs fois plutôt qu'une l'hypothèse du « facteur économique » [6] dans le domaine de la banqueroute.

Par-delà l'hypothèse du facteur économique, il s'agit de tester l'évolution relative de phénomènes criminels et para-criminels pour faire apparaître la spécificité statistique de la banqueroute.

Pour les besoins de cette étude, les sources statistiques présentent deux divergences par rapport aux précédentes : en ce qui concerne l'Angleterre, les statistiques des suicides nous ont été adressées, à la demande du *Central Statistical Office* à Londres, par le *General Register Office*, et les statistiques criminelles, à la demande du même organisme, par le *Home Office*. Quant aux sources françaises, le Centre d'études sociologiques du C.N.R.S. a comblé une lacune dans notre information. Suivant les traditions différentes des services statistiques du continent et de ceux d'outre-Manche, les statistiques d'Europe continentale sont établies à partir des jugements définitifs, celles d'Angleterre et du Pays de Galles au niveau de la connaissance des affaires par la police.

Enfin, c'est sur un matériel statistique proprement belge que nous analyserons, d'une part, les proportions de banqueroutes frauduleuses et de banqueroutes simples, afin d'en dégager les éventuels éléments distinctifs, et, d'autre part, les rapports entre condamnations et acquittements, susceptibles de mettre en évidence, le cas échéant, une politique judiciaire de stabilité de la répression par un jeu de bascule entre l'efficacité de l'enquête et les exigences de preuve au niveau du jugement.

16   2° Le *criminel* est l'auteur de l'acte délictueux, envisagé

individuellement, soit à un moment donné (approche transversale), soit dans son évolution (approche longitudinale).
17   Sur le plan méthodologique, la *constitution d'un échantillon* de condamnés du chef de banqueroute susceptibles
d'une *observation directe* se heurte à des obstacles considérables : relativement rares, ils encourent généralement des
peines d'emprisonnement légères qui, si elles ne sont pas
assorties du sursis, ne donnent lieu , par l'effet combiné de
la détention préventive et de la libération conditionnelle,
qu'à des incarcérations brèves dans les prisons les plus
diverses, généralement les établissements cellulaires les
plus proches de leur domicile. Comme au surplus les fortes
peines sont généralement dirigées contre de « grands » banqueroutiers qui ont eu soin de se mettre à l'abri à l'étranger
dès la première menace de poursuite, il n'est pas possible de
constituer un échantillon valable de banqueroutiers susceptibles d'une approche criminologique directe. En revanche,
malgré le petit nombre de condamnations, il est très possible
d'avoir un échantillon valable de dossiers relatifs à des
banqueroutiers (approche indirecte).

Lorsque, en 1959, J. Spencer entama une recherche
clinique sur les criminels en col blanc, la seule, à notre
connaissance, qui ait porté, partiellement d'ailleurs, sur des
banqueroutiers, il se heurta à des difficultés du même genre
dans la constitution de son échantillon. Il dut se résoudre à
étudier une population captive, ce qui faussait l'hypothèse
au départ, le criminel en col blanc échappant en principe,
par définition, au circuit judiciaire de droit commun. Et son
choix se porta sur une petite prison de sécurité minimale, à
Leyhill, où il put réunir une trentaine de cas. Sa méthode
consista en des interviews dirigées au moyen d'un question-
naire « *open-ended* » couvrant un certain nombre de problèmes (circonstances du délit, famille d'origine et foyer
personnel, proches, éducation, amis, groupes sociaux, oc-
cupation, aspirations pour eux-mêmes et leurs enfants, etc.)

(149). Incontestablement, cette méthode permit de réunir un certain nombre de renseignements précis qui permettaient de confirmer ou d'infirmer avec plus de précision une hypothèse de départ, mais l'échantillon, pour toute l'Angleterre, n'atteignait qu'une taille très faible et lorsqu'il s'agit d'étendre l'enquête à certains dossiers du *Fraud Squad (Metropolitan Police)* de *Scotland Yard*, J. Spencer se heurta à des difficultés accrues qui dictèrent sa décision de renoncer à étendre son projet de recherche.

Nous avons, dans ces conditions, opté pour des *méthodes d'approche indirecte* qui devaient permettre d'aborder des échantillons de population plus vastes, d'une manière standardisée, et de tirer parti de l'utilisation d'un certain nombre de techniques par des spécialistes, particulièrement des psychiatres. Nous avons consulté deux genres de dossiers : des dossiers pénitentiaires et des dossiers judiciaires.

1. *Dossiers pénitentiaires*

Grâce à l'amabilité des chefs de l'Administration pénitentiaire belge, nous avons pu avoir accès aux dossiers pénitentiaires actuellement réunis au Centre d'anthropologie pénitentiaire à la prison de St-Gilles (Bruxelles). Un dossier de ce genre est constitué dans chaque cas de condamnation définitive à un emprisonnement de plus de trois mois sans sursis. La richesse du dossier dépend évidemment de la durée effective de l'emprisonnement qui n'a pas été subi en détention préventive ou, par équivalent, en liberté conditionnelle.

Le dossier pénitentiaire contient notamment un « dossier moral », et, dans des hypothèses déterminées [7], un « dossier anthropologique » dont les conclusions sont d'ailleurs reproduites dans le dossier moral. Le dossier moral contient :

a) une copie du bulletin de situation légale, à jour au moment de l'« élargissement » du condamné. Ce document mentionne les peines prononcées, les juridictions dont elles émanent, la date des condamnations, les commutations de peines avec la date des arrêtés, les différents séjours dans les établissements par lesquels le condamné est passé, sa nationalité;

b) un document où doit apparaître la distinction entre le rapport préliminaire relatif à l'observation du condamné et les notes successives sur l'évolution de ses dispositions morales;

c) la fiche médicale où doivent figurer, outre d'éventuelles notes sur l'état de santé et les traitements prescrits, à tout le moins la taille et le poids du condamné;

d) des documents divers sur le comportement antérieur à la détention, récits de vie, etc.;

e) le relevé des visites reçues et des correspondances échangées par le condamné;

f) les billets relatifs à la mise au travail du condamné;

g) les rapports disciplinaires, les minutes des procès-verbaux d'évasion, de suicide, ou de tentative d'évasion ou de suicide;

h) les minutes des propositions de grâce, libération conditionnelle, sursis à la mise à la disposition du gouvernement, etc.

i) des documents divers (correspondance versée définitivement au dossier, etc.)[8].

Il contient également un rapport du Ministère public sur l'affaire qui a fait l'objet de la dernière condamnation, un extrait du casier judiciaire central et un bulletin de renseignements des autorités communales.

Le rôle du Centre d'anthropologie pénitentiaire — successivement transféré de Forest (Bruxelles) à Louvain en 1953 et à Saint-Gilles (Bruxelles) en 1963 — est de « rechercher dans les dossiers moraux et anthropologiques les renseignements d'ordre criminologique et pénitentiaire et de les reporter sur des fiches individuelles, de manière telle que le matériel scientifique ainsi constitué permette d'établir toutes statistiques utiles » [9].

En fait, ce n'est que depuis 1962 qu'on a procédé à un codage systématique des dossiers pénitentiaires dès leur entrée au C.A.P., qui suit de quelques jours la libération du condamné. Sur ces fiches sont repris notamment les types d'infractions commises. La banqueroute n'y jouit pas d'un statut privilégié, puisqu'elle n'est reprise en code que parmi les « autres infractions contre les biens » (E, b, 13).

C'est cependant grâce à ces fiches qu'ont pu être repérés soixante dossiers de banqueroutiers couvrant approximativement les années 1962 à 1965 de l'activité pénitentiaire. Afin d'élargir l'échantillon à un lot de cent banqueroutiers, il a fallu recourir à une autre technique. L'article 583 de la loi sur les faillites prévoit que tous les arrêts et jugements de condamnation du chef de banqueroute ordonnent la publication de la décision, par extraits, aux frais du condamné, « au *Moniteur belge* ainsi que dans les journaux qu'ils désignent et qui s'impriment dans les lieux ou dans les villes les plus rapprochées du lieu où le condamné a son domicile ou ses établissements commerciaux » [10].

Dans le souci d'éviter au mieux les doubles emplois, nous avons dépouillé le *Moniteur belge* des années 1957 et 1958, en y relevant toutes les condamnations du chef de banqueroute, et non point seulement celles de plus de trois mois sans sursis, certains condamnés ayant fait l'objet d'autres condamnations étrangères à la banqueroute et échappant dès lors à la publication, mais suffisantes pour justifier l'ouverture d'un dossier pénitentiaire. Ainsi ont pu être décelés quarante nouveaux dossiers, ce qui portait notre échantillon à un groupe de cent condamnés du chef de banqueroute, que l'on peut considérer comme représentatifs de l'ensemble des personnes incarcérées en Belgique du chef de banqueroute de 1955 à 1970.

Tous les dossiers consultés étant à jour à la fin de 1969, ils fournissent l'image pénitentiaire des intéressés jusqu'en

1970, ne parcourant que rarement des « carrières » complètes, clôturées par la mort du délinquant. Pour obtenir un échantillon de « séries closes », il eût fallu faire appel à des dossiers pénitentiaires plus anciens, d'accès plus difficile, constitués suivant des méthodes surannées portant la marque lombrosienne, et ne renseignant que fort imparfaitement sur l'état actuel de la banqueroute en Belgique.

2. Dossiers judiciaires

Afin d'obtenir une image plus correcte du « banqueroutier moyen » en ne bornant pas notre étude à une population captive, avec toutes les critiques que peut susciter ce que D. Szabo (156), appelle une « criminologie pénitentiaire », nous avons voulu comparer le groupe de détenus que nous venons de décrire (dossiers pénitentiaires), au groupe de condamnés que nous avions composé essentiellement pour étudier la banqueroute au niveau de l'acte individuel, dans la dynamique du « passage à l'acte » (dossiers judiciaires).

Ces dossiers judiciaires concernent un groupe de soixante-quatre personnes condamnées pénalement à la suite des faillites prononcées par le tribunal de commerce de Verviers au cours des années 1958 à 1967. Grâce à l'amabilité de M. le Président du Tribunal de commerce de Verviers et de M. le Procureur du Roi de Verviers, nous avons pu connaître les suites pénales de toutes les affaires de faillite de cette période et, avec l'autorisation de ce dernier ainsi que de MM. les Procureurs généraux près les Cours d'appel de Liège, de Bruxelles et de Gand, nous avons pu consulter sur place les dossiers pénaux constitués à cette occasion et suivis d'une condamnation définitive en première instance, en appel, voire, sur renvoi, après cassation ou après deux arrêts de cassation successifs.

18 Pourquoi avons-nous choisi comme terrain d'études la région de Verviers [11]? Pour trois raisons essentiellement.

D'abord, la banqueroute est un délit d'affaires, commis

dans l'exercice d'une profession. Or, « l'analyse des données françaises nous a appris que les délits commis dans le
cadre d'une profession sont principalement des délits propres
aux milieux des villes moyennes ». Si ce caractère apparaît
peu en Belgique, l'importance des villes moyennes suffit cependant pour y expliquer la supériorité de la criminalité de ce
type dans les régions flamandes par rapport aux régions
wallonnes, « vu la prédominance de ce type urbain dans la
partie flamande du pays » (Szabo, 156). Or, la région de Verviers comprend, avec celle de Namur, l'une des deux seules
« villes moyennes » que l'on puisse trouver en Wallonie [12].

En second lieu, parce que, au cours des années 1958-
1967, cette région a connu la répercussion de deux phénomènes économiques qui ont retenti sur le taux des faillites :
1° le « boom coréen » dont le contrecoup s'est fait sentir
dans l'industrie lainière verviétoise : « L'industrie lainière
verviétoise a moins bien résisté que ses concurrentes belges
à la normalisation progressive des conditions de concurrence consécutive à la cessation du « boom coréen ». La
disparition du régime de pénurie à l'échelle mondiale que
l'on observe dès décembre 1961 est allée de pair avec une
baisse de prix à laquelle n'ont pu faire face de nombreuses
entreprises marginales. Par ailleurs, la présence à Verviers
d'un important négoce de laine (le quatrième d'importance
mondiale après Roubaix-Tourcoing, Bradford et Boston)
incite tout naturellement les entreprises à des spéculations
qui semblent plus entamer leur substance que l'étoffer. Et il
n'est pas interdit de penser que les chutes de prix spectaculaires enregistrées en 1951 ont à tout le moins privé nombre
d'usines des moyens financiers nécessaires à leur modernisation » (Nols et Picard-Vanherk, 115); 2° la naissance d'une
infrastructure routière à vocation internationale, par la
construction de l'autoroute « Roi Baudouin » reliant Anvers
à l'Allemagne, qui — nous le verrons plus loin — ne fut pas
sans susciter des vocations trop subites de transporteurs de

matériaux.

Notre choix a, enfin, été influencé par le fait que le Parquet du Procureur du Roi à Verviers, proche d'un tribunal de commerce très actif, est sensible aux préoccupations de dignité professionnelle des commerçants de sa région, et est ainsi enclin à scruter plus attentivement l'aspect pénal des affaires de faillite. C'est ainsi que, pour les faillites des années que nous avons étudiées, les proportions de condamnations pénales à la suite d'une faillite ont été les suivantes : 2 sur 20 en 1958, 8/25 en 1959, 2/22 en 1960, 4/25 en 1961, 5/19 en 1962, 17/28 en 1963, 6/18 en 1964, 12/29 en 1965, 4 en 1966 (chiffre provisoire, certaines étant en cours lors de l'étude) sur 25, 7 en 1967 (avec la même remarque) sur 39. Le total s'établit ainsi, pour ces années — pour les affaires terminées — à 65 sur 250, soit plus d'une banqueroute pour quatre faillites, cependant qu'en 1967 — sans tenir compte du décalage des déclarations de banqueroutes par rapport aux déclarations de faillites —, on comptait, pour l'ensemble de la Belgique, 108 banqueroutes pour 3 358 faillites, soit une pour trente. La différence entre le nombre total des condamnations mentionnées ci-dessus et le nombre de dossiers que nous avons pu consulter (64 sur 67) s'explique par la difficulté d'obtenir la communication de dossiers utilisés ensuite dans d'autres affaires, civiles ou pénales. En 1967, le Parquet de Verviers venait en quatrième position en Belgique, pour le nombre des poursuites du chef de banqueroute (14, pour 20 à Bruxelles), et le Tribunal de Verviers en cinquième position, pour le nombre de condamnations sous la même inculpation (5, pour 18 à Bruxelles) (alors qu'il régit un arrondissement d'importance *moyenne*).

Cet ensemble de faits, conjugués, expliquent que la région de Verviers, par ailleurs zone de basse délinquance (91), soit en matière de banqueroute, au cours de la période considérée, un terrain d'investigation assez représentatif.

En 1960, le taux de criminalité générale y était de 263 pour 100 000 habitants (19e position, avec Gand, sur 26 arrondissements), tandis que l'arrondissement venait en 7e position, avec Charleroi, pour le nombre absolu de condamnations du chef de banqueroute.

19   Le matériel d'étude une fois présenté, il convient d'en préciser l'exploitation, qui peut être statique ou dynamique.

1. *Approche statique*

La tentation est grande de dégager un « type moyen » de banqueroutier [13], dont on brosse le profil sociologique ou psychologique. Une telle approche mérite cependant deux critiques.

a) Tout d'abord, une personne n'est déclarée banqueroutière qu'au terme d'un processus judiciaire sur le cours duquel le contenu d'un casier judiciaire peut peser. Dès lors, s'il est légitime de tenter de dégager l'image judiciaire du banqueroutier [14], il est plus hasardeux de négliger la relativité de l'échantillon en cherchant à expliquer objectivement le banqueroutier par des éléments qui ont contribué à sa stigmatisation.

b) En second lieu, il y a un abîme entre le « criminel moyen » et le « criminel véritable » [15]. L'un est aussi éloigné de l'autre que le sont le citoyen et l'idéal du « bon père de famille » du droit civil. Le criminel individuel abstrait obtenu par réduction statistique n'est pas le criminel individuel concret dont s'occupe la criminologie clinique. Le crime est toujours l'aboutissement d'une évolution personnelle (Debuyst, 44). Cette règle vaut pour les banqueroutiers comme pour les autres délinquants.

2. *Approche dynamique*

A cette approche « statique », que nous corrigerons d'ailleurs par certaines analyses de cas, nous préférerons une approche « dynamique » consistant à retracer la « carrière » de chaque banqueroutier et à en suivre le cours, rectiligne ou sinueux. Le casier judiciaire en sera l'élément essentiel. Nous avons éliminé les casiers judiciaires effacés par l'effet d'une réhabilitation. Des éléments complémentaires ont été puisés dans le dossier judiciaire, dans les rapports d'assistance sociale, dans les récits autobiographiques, permettant de retracer avec plus de précision la carrière « morale » de chaque condamné.

L'étude scientifique de carrières criminelles est relativement neuve. Sutherland peut en être considéré comme le promoteur. En 1927, en effet, le professeur américain publiait l'autobiographie, reconstituée et complétée par le recours à d'autres sources, d'un voleur de profession, Chic Conwell (152): ce fut l'une des étapes qui l'amenèrent à formuler avec précision son hypothèse générale des associations différentielles. Dépassant l'« histoire de cas » individuelle, Sheldon et Eleanor Glueck (63) ont procédé à un grand nombre d'analyses longitudinales de cas individuels étudiés, suivant la méthode de *follow-up* [16], de cinq en cinq ans. Leur souci, par ces études, était essentiellement de perfectionner les méthodes de prédiction du comportement criminel.

La plupart des études récentes de carrières criminelles répondent à des préoccupations sensiblement voisines. S. Yoshimasu (178) créa en 1951 une méthode destinée à analyser la vie criminelle des récidivistes : tenant compte de trois indices — l'âge du premier délit, les formes du délit et l'intervalle entre les délits —, Yoshimasu a élaboré des types de « cycles de vie criminelle » *(« criminal life curves »)* qu'il a mis en rapport avec certaines constances biologiques, confirmées partiellement par des études de jumeaux. Dans une optique plus clinique, B. Cormier et ses collaborateurs (36) s'efforcent actuellement de retracer le cours de développement naturel de la criminalité en distinguant, suivant l'âge de l'adoption d'un mode de vie de délinquant, les délinquants « primaires », « secondaires », et « tardifs ».

Plus orientées vers les types de délits, sont les recherches entreprises par l'équipe de W. Buikhuisen à l'Université de Groningen, notamment l'étude qu'ils ont menée récemment en vue de déterminer à partir des données du casier judiciaire de tous les délinquants masculins condamnés en 1964 et de nationalité néerlandaise (1 246 délinquants ayant commis 3 016 délits), s'il existe un récidivisme spécifique, c'est-à-dire si les délinquants présentent une tendance manifeste vers un certain type de délits : les résultats de l'analyse statistique ont été positifs (17). Poussant plus avant l'hypothèse des « stabilités dans la déviance », D. C. Gibbons, du San Francisco State College, a adopté en criminologie spéciale la perspective du rôle de « criminel de carrière » : c'est ainsi qu'il a pu élaborer une typologie comprenant, outre plusieurs catégories de délinquants contre les biens, les « citoyens respectables » — criminels « en col blanc », auteurs de détournement, etc. —, les meurtriers, les violents, les déviants sexuels, et d'« autres » criminels de carrière : les suppôts du crime organisé, les alcooliques, les toxicomanes (62).

C'est dans un esprit analogue que nous aborderons les banqueroutiers. Ici, le segment de délinquance est donné, par définition. Le problème se reporte alors a) au profil de carrière et b) à la question préjudicielle de l'existence de « carrières criminelles » chez ceux qui se rendent coupables de ce genre de délinquance.

a) Notre objectif premier était de déterminer, notamment par l'analyse statistique longitudinale (Goldfarb, 64), si la plupart des banqueroutiers ont suivi une « carrière » criminelle comportant des séquences relativement précises, se présentant d'une manière et dans un ordre relativement stéréotypés.

b) Mais une première analyse de notre matériel a commandé une autre hypothèse : celle de l'absence de carrières spécifiques de banqueroutiers ou, en d'autres termes, de banqueroutiers de carrière.

L'approche « dynamique » du banqueroutier par l'étude du profil de cent soixante-quatre carrières présente le grand avantage d'apporter à l'image du banqueroutier plus de relief et de précision et de faire ressortir des caractéristiques originales qui resteraient inaperçues dans une approche de type « statique ».

20   3. Reste le *crime*, l'acte délictueux, étudié isolément dans la vie ou la carrière criminelle envisagée. L'approche à ce niveau repose sur le témoignage du sujet ainsi que sur celui des autres acteurs du drame. Elle exige l'étude des documents judiciaires et policiers. « Elle constitue l'approche criminologique par excellence, celle où l'on s'efforce d'appréhender la convergence des facteurs et des mécanismes biologiques, sociaux, psychologiques qui conduisent au passage à l'acte » (Pinatel, 123).

21   Notre étude du passage à l'acte de banqueroute repose sur les sources que nous avons déjà exploitées au niveau d'interprétation du « banqueroutier ». Nous avions, au départ, envisagé l'étude des dossiers judiciaires uniquement au niveau du passage à l'acte, et celle des dossiers pénitentiaires uniquement au niveau de la personnalité. Aux deux niveaux, les sources se sont finalement complétées mutuellement.

NOTES du chapitre I

[1] Le crime organisé est le réseau d'organisations criminelles qui, aux U.S.A. essentiellement, a dépassé le recours aux méthodes traditionnelles du banditisme pour se bureaucratiser, s'intégrer dans la vie des affaires et y faire fructifier les sommes d'argent acquises par le crime.

[2] Les associations différentielles sont une hypothèse explicative par laquelle Sutherland (155) explique la genèse de la personnalité criminelle, c'est-à-dire les raisons pour lesquelles, par référence aux expériences antérieures du sujet, une situation qui pour un autre est indifférente, est pour le sujet envisagé l'occasion de délinquer. La théorie des associations différentielles présuppose que chaque individu assimile la culture du milieu environnant à moins que d'autres modèles n'entrent en conflit avec elle. Ainsi un individu deviendra-t-il criminel par association à des modèles criminels qui l'emportent, dans son groupe de relations personnelles, sur les modèles anticriminels.

[3] Le rapport Prévost (127) posait au contraire le principe que le taux des faillites était directement fonction de l'importance des saisies de salaires offertes au créancier.

[4] Le chiffre noir est la zone d'ombre dans laquelle est plongée la criminalité impunie ou non détectée.

[5] L'Organisation internationale de police criminelle (Interpol) publie des statistiques criminelles internationales adaptées à son objet propre et qui ne comportent, au chapitre économique, qu'une rubrique générale englobant, sous la dénomination « fraudes », toute appropriation illicite par d'autres voies que le vol (voy. Collmann, 29).

[6] Le mot « facteur » désignant chacun des éléments contribuant à un résultat (Dictionnaire Robert), l'expression « facteur économique » désigne traditionnellement, en criminologie, l'incidence des événements et des conditions économiques sur la criminalité.

[7] Circulaire du 13 juillet 1962, *Bull. adm. pénit.*, 1962, 263.

[8] Circulaire du 4 mai 1954, *Bull. adm. pénit.*, 1954, 207.

[9] Circulaire du 16 février 1953, *Bull. adm. pénit.*, 1953, 443.

[10] L. 18 avril 1851, art. 583, al. 1, modifiée par la L. du 24 juillet 1962, art. 4.

[11] L'arrondissement judiciaire de Verviers, situé à l'est de la Belgique, délimité à l'est par la frontière allemande, au nord par la frontière néerlandaise et au sud par la frontière grand-ducale, est relativement vaste : couvrant plus de 2 000 km², il est, après celui de Dinant, le plus étendu de Belgique, mais ne vient en revanche qu'en 22e position (sur 26 arrondissements) si l'on tient compte de la densité de la population (237 220 habitants en 1960, soit à peine plus de 100 par km²). Englobant les cantons d'Aubel, de Dison, d'Eupen, de Herve, de Limbourg, de Malmédy, de Saint-Vith, de Spa, de Stavelot et de Verviers, il réunit des régions d'une extrême diversité, allant de la région purement agricole à la région forestière surtout

touristique, en passant par une agglomération assez importante dont l'économie est dominée par l'industrie lainière.

[12] On se référera à l'ouvrage de Szabo (156) pour connaître les indices d'urbanisation qui permettent de classer une ville comme « moyenne ».

[13] Dans le même sens, la « nécessité de faire abstraction des individus pour ne s'occuper que de ce qui se rapporte aux masses » avait conduit Quételet (130) à admettre la notion d'« homme moyen » qui, « par rapport au système social, peut être considéré comme l'analogue du centre de gravité dans les corps ».

[14] De même que Morris (112) a pu étudier la conception que les tribunaux anglais ont du « criminel persistant ».

[15] L'expression a été utilisée par Kürnberger en critique à la statistique criminelle de Quételet (voy. Ellenberger, 55).

[16] L'objet des *follow-up studies* ou études suivies, est de vérifier ce que deviennent réellement les sujets examinés.

CHAPITRE 2

LES BANQUEROUTES

22 La majorité des faillites comportent des éléments de banqueroute[1], et pourtant, en chiffres absolus comme en chiffres relatifs, le nombre des condamnés du chef de banqueroute — ou de délits assimilables en droit comparé — est faible dans les pays d'Europe occidentale : par an, ils représentent, suivant les pays, de 1 pour 100 à 1 pour 1 000, voire moins encore, de la population criminelle condamnée : 1 % en Italie (1 000 sur 100 000 environ), 1 pour 300 en France (800 sur 240 000) et en Belgique (100 sur 30 000), 1 pour 1 000 en Allemagne fédérale (500 sur 500 000) et aux Pays-Bas (15 sur 15 000), moins encore en Angleterre (40 condamnations du chef de délits en matière de faillite par rapport à 400 000 affaires connues de la police). Mais ces chiffres sont peu significatifs, car ils ne reflètent que le résultat d'un triage social particulièrement sélectif parmi les faillites, étant encore entendu que les peines de la banqueroute pourront, à l'occasion d'une même faillite, frapper plusieurs personnes. Les banqueroutes ne représentent en effet, suivant les pays, que 1 à 16 % du total des déclarations de faillite : 16,7 % en France (500/3 000), 12,5 % en Belgique (100/800), 7 % en Allemagne fédérale (210/3 000), 3,3 % en Italie (200/6 000), 3 % en Angleterre (60/2 000), 1 % aux Pays-Bas (20/2 000). Or, les obstacles à l' « étiquetage » social du banqueroutier se situent bien plus fréquemment dans l'ordre de l'opportunité de poursuivre, voire de condamner, que dans l'ordre de la responsabilité.

Le coût social des faillites et, en particulier, des banqueroutes, est cependant considérable. On estimait en 1955, en Allemagne fédérale, à 46 % (1 681 cas) la proportion des

faillites « sans dividendes » («*Quotenlose Konkursen*»),
c'est-à-dire des faillites dont la masse suffisait à peine à
couvrir les frais de gestion, et où les créanciers ne récupé-
raient pas la moindre part de leur créance. Entre 1949 et
1957, dans le même pays, 38 000 insolvabilités avaient causé
un préjudice de quelque 3 milliards de D.M. (Schultze, 142).
Au préjudice matériel propre au créancier concerné,
s'ajoute celui qui résulte des réactions en chaîne résultant
de l'impossibilité consécutive pour ce créancier de se libérer
de ses propres dettes, non moins que l'atteinte morale grave
que toute faillite porte au crédit et, plus largement, à l'ambiance morale d'un pays (Halbwachs, 66). C'est sans doute
parce que les criminologues ne se sont pas bien rendu
compte de l'importance considérable du coût social des
banqueroutes que celles-ci ont, jusqu'ici, largement
échappé à leurs investigations.

Si l'on s'en tenait à ces deux éléments, on serait tenté
de terminer ce syllogisme par un encouragement à l'accroissement de la répression. En fait, si l'on comparait le coût
social moyen des faillites et celui des banqueroutes — ce qui
n'a été qu'effleuré par Hammerl (67) —, les faillites l'empor-
teraient certainement sur les banqueroutes. Les règles de
procédure et notamment la prescription[2] sauvegardent les
grosses faillites, réservant l'infamie aux erreurs faciles à
démontrer. La répression ne doit pas avant tout être renfor-
cée, mais réorientée. Les statistiques de banqueroutes qu'il
convient d'examiner ne peuvent dès lors être abordées
qu'avec une conscience aiguë de leurs limites, — en somme,
avec une mauvaise conscience.

23 Sous ces réserves, notre recherche au niveau de masse
de la criminalité de banqueroute nous portera à examiner
successivement les rapports :

1° entre les oscillations du taux des banqueroutes et des
faillites et les mouvements de l'économie;

2° entre les banqueroutes et d'autres phénomènes « déviants » ;

3° entre banqueroutes « frauduleuses » et banqueroutes
« simples » ;

4° enfin, entre condamnations et acquittements du chef
de banqueroute.

*
* *

I. BANQUEROUTES, FAILLITES ET MOUVEMENTS DE L'ÉCO-
NOMIE

24 Prototype du crime économique, il était naturel que la
banqueroute soit considérée par les tenants de l'Ecole dite
« socialiste » comme le cas d'application idéal de la théorie
du « facteur économique »[3].

Considérant les banqueroutes comme l'apanage des
bourgeois, Bonger (14) distingue trois sortes de motifs qui y
mènent, à l'égal du vol : la misère, la cupidité, la profession
de fraudeur. La *troisième* catégorie de banqueroutiers, qu'il
qualifie de « grands criminels », sont moins des banqueroutiers que des escrocs, devenus banqueroutiers accessoirement : ce sont ceux qui « se jettent dans des entreprises
gigantesques tout en sachant d'avance qu'elles échoueront
certainement ou très probablement » : « S'il y a un genre de
crimes qui est la conséquence exclusive du milieu économique, c'est bien ce genre-ci. De tels crimes ne peuvent naître
que dans un temps comme le nôtre, avec sa soif insatiable
de l'or, avec l'occasion illimitée de tromper le public avide
de gros bénéfices. Une connaissance superficielle de l'histoire économique suffit déjà pour comprendre que tous les
crimes bourgeois, et surtout ceux dont il s'agit à présent, ne
peuvent être commis que sous un système économique
d'une nature analogue au nôtre. Cela doit faire réfléchir les
anthropologistes qui veulent toujours trouver les causes du
crime dans l'homme même et non dans son ambiance. Naturellement, les auteurs de tels méfaits se distinguent par des

traits caractéristiques. Mais il n'y a aucune raison pour admettre que des personnes ayant de telles dispositions n'auraient pu naître aussi sous d'autres modes de production. Et pourtant de tels crimes ne se présentaient pas alors ».

25 Si les cas les plus prémédités, où la fraude devient profession, sont un produit du milieu économique, a fortiori Bonger y trouve-t-il la cause des deux autres variétés de banqueroutes. « La *première* catégorie peut être comparée à celle du vol commis par misère : ceux qui s'en rendent coupables sont les personnes qui, pour une raison ou une autre, ont vu leurs affaires décliner outre mesure, et qui, ne sachant plus comment se tirer d'embarras, espèrent rattraper leurs pertes et se sauver en commettant un méfait... La cause de ce genre de crimes est de nature entièrement sociale. Sous un autre mode de production, par exemple celui des communautés de village, l'idée de commettre de pareils crimes, n'aurait pu naître... La statistique prouve que c'est bien le déclin des affaires qui est réellement la cause d'un grand nombre de crimes bourgeois ». Quant à la *deuxième* catégorie, elle concerne moins les banqueroutes que les falsifications de denrées : « crimes économiques bourgeois par cupidité », ils ne résultent pas du déclin des affaires, mais au contraire de leur relative prospérité : ce que le commerçant gagne honnêtement ne lui suffit plus, il veut s'enrichir davantage. Ce commerçant est un bourgeois, et la cause de son crime est de nature entièrement sociale.

L'exposé de Bonger doit être débarrassé, d'une part de sa gangue doctrinaire, d'autre part de la confusion entre banqueroute, falsification de denrées et « crimes analogues », enfin de la limitation de la banqueroute à sa seule forme frauduleuse, en y incluant d'ailleurs des actes qui relèvent davantage de l'escroquerie. Dans cette mesure, il affirme judicieusement la sujétion des banqueroutes aux faits économiques. La démonstration la plus claire de cette

dépendance nous paraît résulter de la confrontation du mouvement des banqueroutes et des cycles économiques.
26 Nous procéderons en deux phases, rappelant d'abord, pour mémoire, les rapports qui unissent les mouvements des faillites et les cycles économiques, confrontant ensuite les mouvements des faillites et ceux des banqueroutes.

1. *Faillites et cycles économiques*

27 Il ne faut pas être grand clerc pour établir un lien entre les mouvements généraux de l'économie et la courbe des faillites et des procédures analogues, celles-ci apparaissant d'ailleurs comme l'un des indices négatifs les plus fidèles de la conjoncture économique [4]. Le graphique suivant, concernant la Belgique, illustrera à suffisance les rapports qui unissent les courbes de l'économie, des faillites et des concordats.

GRAPHIQUE 1 : BELGIQUE : FAILLITÈS, CONCORDATS, MOUVEMENTS DE L'ÉCONOMIE

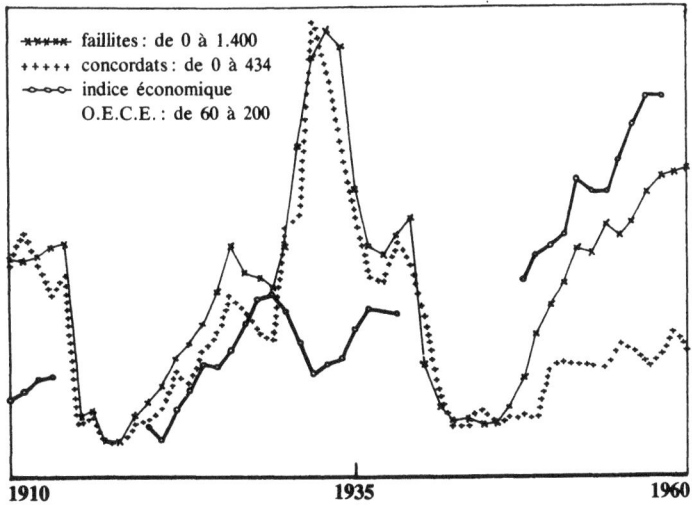

faillites : de 0 à 1.400
concordats : de 0 à 434
indice économique
O.E.C.E. : de 60 à 200

1910   1935   1960

On constate un rapport inverse, extrêmement étroit, entre cycles économiques et cycles de faillites et de concordats. Le taux des concordats, qui sont des procédures de sauvetage tentées lors des premières difficultés de l'entreprise et alors que celle-ci dispose encore de ressources appréciables, réagit le premier à la prospérité comme à la récession : cela se marque particulièrement au cours des années dépressives de 1932-1934 : le nombre maximum de concordats est atteint dès 1932, alors que le cycle économique traduit le fond de la dépression, et il faut attendre 1933 pour constater le nombre maximum de faillites. Les législations d'exception dans ce domaine apparaissent en 1934[5]. Un sommet de moindre importance se retrouve en 1938, suivi, l'année suivante, de celui des faillites. Les minimums sont moins probants, ainsi qu'en témoignent notamment les années 1915, 1929 et 1951-1952.

En Allemagne aussi, il existe un décalage entre la conjoncture d'une part, et les faillites qui apparaissent parfois durant plusieurs années comme des séquelles d'une période de dépression. La crise monétaire internationale de 1907-1908 a son contrecoup dans le domaine des faillites en 1913, le sommet de l'inflation en 1923 se répercute en 1925-1926 sur le taux des faillites. En revanche, 1931 voit, concomitamment à la crise bancaire et économique allemande, le « pic » des faillites et des concordats. 1936 marque le début d'une période de plein emploi qui se traduit par une lente diminution des concordats puis des faillites. Après la guerre, la facilité des liquidités fait naître des entreprises « comme champignons dans les prés », mais cet excès d'enthousiasme se brise contre la réforme monétaire de 1949 : 77% des entreprises qui connaissent alors des difficultés sont nées après la guerre. Sommet des concordats en 1950, des faillites en 1951. L'essor économique des années 1955-1956 réduit considérablement l'ampleur du phénomène des faillites qui se situe dès lors à un niveau que l'on peut considérer comme normal (Schultze, 142).

Parmi les autres pays du Marché commun et l'Angleterre, seul le graphique relatif à la France présente une plus
grande harmonie : le décalage entre les différents phénomènes se manifeste peu, et il apparaît que les juridictions ont,
au cours des dernières années envisagées, marqué une nette
préférence pour les procédures de liquidation n'emportant
pas la note d'infamie de la faillite, après que le décret du 20
mai 1955 eut tracé une distinction rigoureuse entre le règlement judiciaire — qui demeurait la procédure normale de
règlement du passif des commerçants ayant cessé leurs
paiements — et la faillite, qui entraînait inéluctablement la
liquidation forcée de l'entreprise et devenait une mesure
d'élimination des commerçants contre lesquels étaient rele-
vés des fautes graves de gestion ou des manquements graves aux règles et usages du commerce (Solal, 148). L'incidence des faits législatifs ne peut évidemment être perdue
de vue dans l'appréciation de statistiques judiciaires.

2. *Faillites et banqueroutes*

28 S'il est naturel que les cycles économiques puissent être
aisément transposés, en termes négatifs, dans les mouvements des faillites, on pourrait croire, en revanche, que le
taux des banqueroutes subit une régulation due aux limites
de la « capacité d'absorption » des juridictions pénales [6]. On
pourrait croire d'autant plus à la pression statistique des
faits de procédure dans ce domaine, que les délits économiques et, parmi eux, leur prototype : la banqueroute, requiè-
rent souvent de la part des enquêteurs, des connaissances
spéciales en matière commerciale et un travail considérable : « Les dossiers s'entassent, les affaires quotidiennes ne
cessent d'arriver, l'élan diminue et l'on finit par un non-lieu
au motif que les éléments subjectifs font défaut. Le résultat
est l'impression générale qu'on ne prend que les petits »
(Schultz, 141).

En fait, il suffit de tenir compte d'un décalage de deux ans environ (Ullrich, 167) entre l'apparition des premières difficultés — émissions de chèques sans provision, protêts de traites — et la condamnation du chef de banqueroute, pour retrouver des corrélations fort semblables à celles qui apparaissent entre cycles économiques et faillites.

On constate même, en ce qui concerne l'Angleterre et le Pays de Galles, que si les condamnations du chef de délits en matière de faillite ne suivent qu'imparfaitement le mouvement des faillites — ce qui traduit peut-être une certaine indépendance du *Board of Trade* dans l'intentement des poursuites pénales à la suite des jugements en matière de faillites[7] —, en revanche ils suivent fidèlement, avec un décalage réduit dû sans doute à la célérité de la justice anglaise, les mouvements de l'économie.

GRAPHIQUE 2 : BELGIQUE : FAILLITES ET BANQUEROUTES

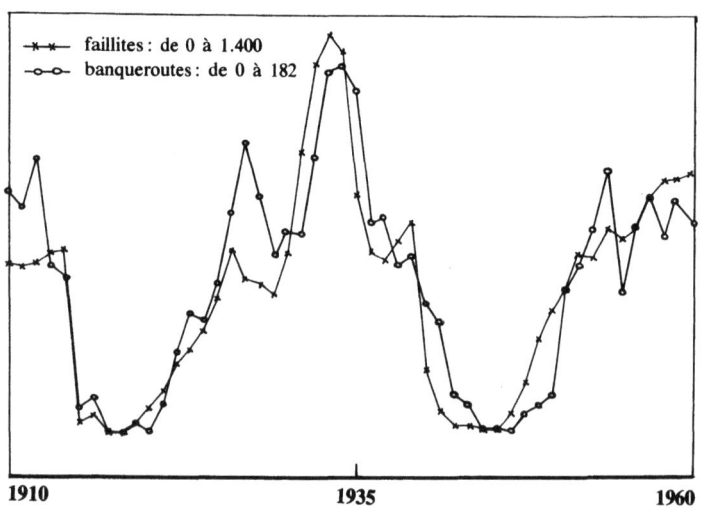

faillites : de 0 à 1.400
banqueroutes : de 0 à 182

1910   1935   1960

Pour les autres pays, le décalage classique depuis les premières difficultés et le concordat éventuel, est d'un an pour la déclaration de faillite, et d'une nouvelle année pour la condamnation du chef de banqueroute. Le graphique ci-contre met en relation faillites et banqueroutes en Belgique [8].

A l'exception des Pays-Bas, où le nombre absolu de condamnations du chef de banqueroute est trop faible pour avoir une valeur statistique, les différents pays accusent une correspondance suffisamment étroite entre faillites et banqueroutes pour que nous ayons pu, dans l'introduction de ce chapitre, à titre indicatif, proposer des proportions, qui se retrouvent de façon assez stable, entre les deux phénomènes. On peut dire qu'il résulte à l'évidence des graphiques présentés que le taux des banqueroutes subit davantage la pression des faits économiques que celle des politiques judiciaires. Des réserves pourraient cependant être émises quant à la comparabilité des chiffres relatifs aux deux éléments en présence, qui reflètent, d'une part les faillites — la faillite d'une société, par exemple — et, d'autre part, les personnes condamnées — soit au cours d'une année, soit au cours d'une audience, comme c'est le cas pour les statistiques belges que nous avons utilisées — à condition que leur condamnation du chef de banqueroute apparaisse seule, ou plus forte (ce qui sera rarement le cas) que les autres condamnations prononcées à leur charge.

*
*   *

II. BANQUEROUTES ET AUTRES PHÉNOMÈNES DÉVIANTS

29 Dans une première section, nous avons souligné le rapport de dépendance qui unit les banqueroutes aux mouvements généraux de l'économie, par l'intermédiaire (obligé, dans certains pays tels que l'Italie) des faillites et des procédures analogues.

Il s'agit à présent de se poser une deuxième question concernant le taux des banqueroutes, en le comparant à celui d'autres phénomènes « déviants » [9]. Le problème, à ce stade, sera essentiellement de savoir si, au vu de données statistiques, la banqueroute apparaît comme un phénomène relativement spécifique, ou si, au contraire, elle paraît s'identifier à d'autres phénomènes, tels que l'escroquerie, en subissant la même contrainte régulatrice des grands nombres.

30   Cette question n'a été, pas plus d'ailleurs que l'ensemble du problème criminologique de la banqueroute, évoquée que très incidemment par la doctrine.

Un premier problème a retenu l'attention des sociologues : celui de la corrélation entre les taux de suicide et le nombre des faillites d'une part, entre les cycles du suicide et les cycles économiques d'autre part. Quant au premier versant de ce problème, Halbwachs (66) a estimé, à la lumière des statistiques allemandes de 1881 à 1916, que « les dispositions d'esprit des commerçants et des industriels, leurs espoirs, leurs craintes, leurs enthousiasmes et leurs paniques modifient l'atmosphère morale du pays tout entier, comme des nuages ou des éclaircies. Ce n'est pas que la misère des ouvriers qui chôment, les banqueroutes, les faillites et les ruines soient la cause immédiate de beaucoup de suicides. Mais un sentiment obscur d'oppression pèse sur toutes les âmes, parce qu'il y a moins d'activité générale, que les hommes participent moins à une vie économique qui les dépasse, que leur attention n'étant plus tournée vers le dehors se porte davantage non seulement sur leur détresse ou leur médiocrité matérielle mais sur tous les motifs individuels qu'ils peuvent avoir de désirer la mort ». Faillites, banqueroutes et suicides varient ainsi au gré des cycles économiques, sans cependant qu'il y ait, entre ces différentes variables dépendantes, un rapport de causalité direct au niveau du phénomène de masse (Durkheim, 54, Boudon et Lazarsfeld, 15).

Plus récemment, des spécialistes allemands du droit pénal économique ont été frappés par la concordance entre le taux des faillites et celui des incendies volontaires (Zirpins et Terstegen, 180). Il n'y a à cela rien de surprenant, si l'on considère l'incendie volontaire comme une forme de conduite suicidaire, un équivalent suicidaire (Vauterin, 169) ou, plus simplement comme un moyen d'assainissement « à chaud » *(« warme Sanierung »)* d'une entreprise en perdition (Zirpins et Terstegen, 180). Délaissant pour l'instant l'aspect individuel de ces conduites, que nous retrouverons au chapitre suivant à l'occasion de l'étude du banqueroutier, nous constaterons qu'en période de guerre ou de crise, les incendies volontaires ne « paient pas », tandis qu'au contraire ils représentent, en des périodes de stabilité économique, des formes sûres d'escroquerie à l'assurance *(ibid.)*.

Enfin, soucieux de confronter le taux des escroqueries à celui d'autres phénomènes criminels, W. Calewaert (18) a, au départ des statistiques criminelles belges de l'entre-deux-guerres, constaté une augmentation nette des banqueroutes frauduleuses comme des abus de confiance, des escroqueries et des faux, mais non des vols et des recels, au cours des années de grande dépression économique, avec un pic commun aux banqueroutes frauduleuses et aux abus de confiance en 1934, et le maximum des escroqueries, des faux et des infractions à la loi sur les sociétés en 1935.

31 Dans la présente étude, nous avons voulu envisager le problème de façon plus large en étudiant, parallèlement aux faillites, aux banqueroutes et aux mouvements de l'économie, l'évolution au cours d'un demi-siècle (1910-1960) dans les six pays fondateurs de la Communauté économique européenne et l'Angleterre, des phénomènes criminels et déviants suivants : criminalité globale [10], vols, faux, abus de

confiance, escroqueries, incendies volontaires et suicides. Pour la France, nous avons dû limiter notre étude des faux, aux faux en écritures commerciales déférés aux cours d'assises. Pour la Belgique, nous avons ajouté à cette liste les contrefaçons au sens large. Ici encore, si le problème était traité dans un esprit de statistique internationale, diverses objections pourraient être tirées de divergences de droit comparé et de statistiques comparées[11]. Notre objectif, rappelons-le, est tout autre : il tend simplement à tester deux fois plutôt qu'une la thèse de la spécificité de la banqueroute.

32   Que révèlent les statistiques?

En ce qui concerne la Belgique, les banqueroutes suivent un tracé tout à fait différent, souvent opposé, de celui de la criminalité générale et du vol, qui domine, en temps de guerre, alors que la banqueroute connaît durant cette période son taux le plus faible. Peu de points de contact avec la courbe des suicides, sauf durant les périodes de grande dépression, pas plus, sous la même réserve, qu'avec le mouvement des faux et des contrefaçons. En revanche, elles présentent des liens plus étroits avec les abus de confiance, avec une légère réserve pour la guerre de 1940-1945. La courbe des incendies volontaires est statistiquement insignifiante.

En France, on observe au contraire une forte correspondance entre les banqueroutes et les escroqueries, à tout le moins avant 1935, ainsi que, sous le bénéfice de la même remarque et avec les précautions qu'appelle leur faible volume, les incendies volontaires. Une similitude assez marquée rapproche les banqueroutes et les suicides. Aucune conclusion ne peut être tirée de la courbe des faux, ceux-ci étant, nous l'avons dit, limités aux faux en matière commerciale jugés par les Cours d'assises.

Pour l'Angleterre et le Pays de Galles, un problème de comparabilité se pose au départ puisque les statistiques criminelles portent sur les crimes *(« indictable offences »)* connus de la police, tandis que les statistiques des banqueroutes ont été élaborées à partir des jugements de condamnation. La Statistical Division du Home Office nous a transmis une statistique policière des infractions en matière de faillite, mais ces statistiques sont trop partielles dans le temps — elles s'arrêtent en 1952 — et dans la portée — seuls certains délits ont été comptabilisés — pour qu'on les préfère aux statistiques du Board of Trade (cf. *supra*, n° 15).

Le graphique de la criminalité et de la déviance en Angleterre est, sous cette réserve, extrêmement suggestif : les courbes relatives à la criminalité globale, au vol *(larceny)* et au faux *(forgery)* se suivent étroitement au point même de se fondre intimement. L'incendie volontaire *(arson)* et l'es-

GRAPHIQUE 3 : ANGLETERRE ET PAYS DE GALLES : BANQUEROUTES ET SUICIDES

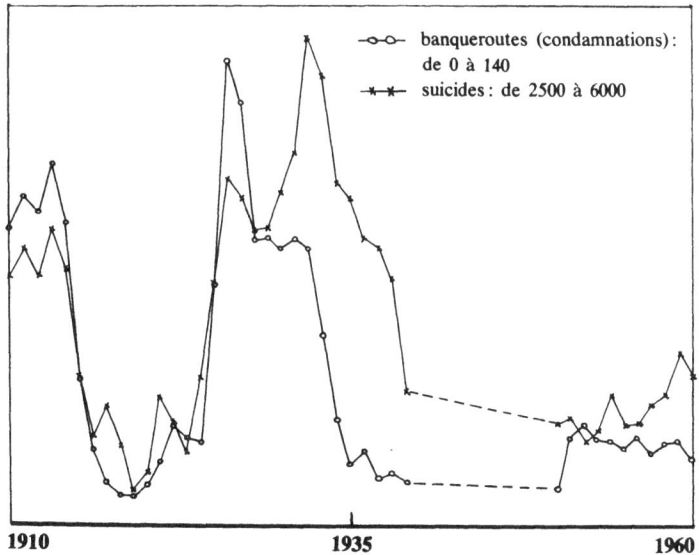

banqueroutes (condamnations) :
de 0 à 140

suicides : de 2500 à 6000

1910   1935   1960

croquerie *(fraud and false pretences)* suivent à distance parfois, mais fidèlement, ces trois premières courbes. Seuls s'en séparent vraiment les abus de confiance et les suicides. Mais, dans l'ensemble, les tracés ne sont pas comparables à celui des faillites et des banqueroutes, à l'exception cependant, à différents stades, de celui du suicide, qui suit naturellement plus précisément les faillites que les délits de la faillite *(offences relating to bankruptcy)* : voyez notamment les pics de 1913-1914, de 1923-1924, de 1932, les creux de 1942 et 1944-1945, le pic de 1953-1954).

Aux Pays-Bas, on ne trouve vraiment aucun point de correspondance entre les phénomènes de faillite et de banqueroute d'une part, les phénomènes criminels et le suicide d'autre part. Le pic de 1935-1936 ne se retrouve nulle part, celui de 1924 ne trouve qu'un faible et contestable écho en 1925 dans la courbe des incendies volontaires et celle des

GRAPHIQUE 4 : ALLEMAGNE : BANQUEROUTES ET INCENDIES VOLONTAIRES

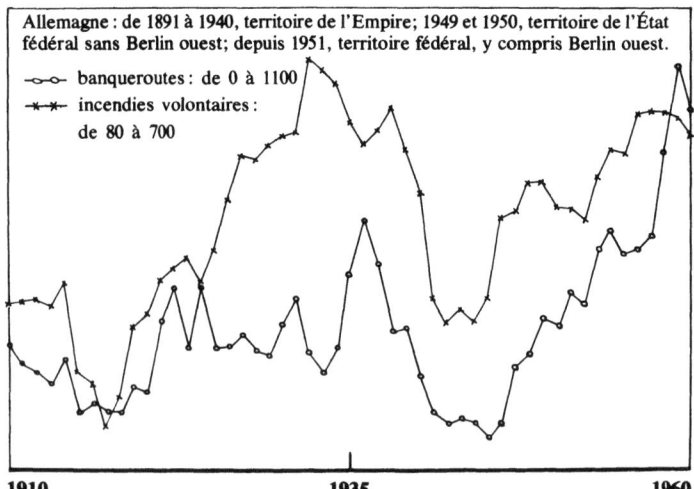

Allemagne : de 1891 à 1940, territoire de l'Empire; 1949 et 1950, territoire de l'État fédéral sans Berlin ouest; depuis 1951, territoire fédéral, y compris Berlin ouest.

-o-o- banqueroutes : de 0 à 1100
-x-x- incendies volontaires :
     de 80 à 700

1910   1935   1960

abus de confiance, cependant que les taux élevés de 1950, 1952 et 1959 correspondent plus étroitement à ceux des incendies volontaires.

En Allemagne, les banqueroutes suivent de près le mouvement des faillites, et très fidèlement celui des incendies volontaires (cf. *supra*, n° 30). On observe spécialement les pics de 1913 et 1926. Elles présentent aussi d'étroites analogies avec les suicides, sauf pour la période de 1935-1940. En revanche, elles s'écartent entièrement des autres phénomènes criminels.

Les graphiques concernant l'Italie présentent, nous l'avons dit, des failles trop importantes pour qu'ils puissent être exploités.

33   Ces comparaisons statistiques de l'évolution des banqueroutes et d'autres phénomènes criminels ou déviants se soldent par un bilan largement négatif : points de contact avec les abus de confiance en Belgique, avec les escroqueries en France, avec les incendies volontaires en France et en Allemagne, avec les suicides en Belgique, en France, en Angleterre et en Allemagne. L'ensemble se ramène à certaines manifestations des crises économiques dans le domaine des suicides et des incendies volontaires, mais nulle part, et c'est là l'essentiel, on ne trouve de correspondance étroite des banqueroutes avec des phénomènes que l'on pourrait croire analogues, essentiellement les abus de confiance et les escroqueries.

Les banqueroutes affirment ainsi leur autonomie, leur spécificité criminologique. Elles ne représentent en rien une variété d'escroquerie ou d'abus de confiance comme on aurait aisément tendance à le croire. Cette hypothèse de la spécificité des banqueroutes, simples et frauduleuses, trouvera d'autres confirmations aux niveaux d'interprétation individuels du criminel et du crime.

*
* *

III. BANQUEROUTES FRAUDULEUSES ET BANQUEROUTES SIMPLES

34 Phénomène bien différencié, soumis étroitement au jeu des forces économiques, il reste à voir si les banqueroutes se présentent, au niveau de masse, comme un phénomène homogène.

Sur le plan juridique, il existe une distinction traditionnelle, héritée de la législation française, entre banqueroute frauduleuse et banqueroute simple. Elle connaît une certaine désaffection dans les législations les plus récentes, en particulier dans le Code pénal suédois et dans le projet de Code pénal d'Allemagne fédérale.

Pour correspondre à une réalité, il conviendrait que les banqueroutes frauduleuses et les banqueroutes simples ne présentent pas, en graphique, un tracé semblable, les premières suivant davantage le mouvement des infractions de fraude, spécialement l'escroquerie. Il faudrait, d'autre part, que la gravité des deux phénomènes, suggérée à la population par les peines appliquées respectivement dans les deux cas, soit nettement différente.

35 Afin de vérifier la validité de la première remarque, nous avons examiné l'évolution des banqueroutes frauduleuses et des banqueroutes simples, en Belgique, au cours d'un demi-siècle (1910-1960), en la comparant notamment à celle des escroqueries. Les données ont été puisées dans la statistique judiciaire, dont l'unité statistique est la personne condamnée au cours d'une même audience [12]. En d'autres termes, si — comme c'est très fréquemment le cas en Belgique — une personne est condamnée, au cours d'une même audience, du chef de banqueroute frauduleuse et de banqueroute simple, seule apparaîtra l'infraction qui a entraîné la peine la plus forte, donc, en principe, la banqueroute frauduleuse.

C'est dire que, dans cette comparaison, les banqueroutes frauduleuses sont privilégiées par rapport aux banqueroutes simples, celles-ci ne trouvant qu'un reflet imparfait dans la statistique. Or, la première chose qui frappe, c'est la prédominance des banqueroutes simples, spécialement depuis 1945, ce qui s'explique peut-être par une plus grande mansuétude des tribunaux à l'égard des faits de banqueroute. Mais, sous cette réserve d'ensemble, les deux courbes se suivent de près : même mouvement en 1911-1912, puis en 1914-1918 (comme les abus de confiance); relative indépendance des banqueroutes frauduleuses en 1922-1923 et surtout 1924, où elles suivent incidemment les abus de confiance et les escroqueries, et en 1926-1928 encore, où elles suivent les abus de confiance tandis qu'en 1929-1930 les banqueroutes simples dessinent le mouvement inverse des abus de confiance.

En 1934, nouveau parallélisme fugace entre banqueroutes frauduleuses et abus de confiance, mais en 1935 ce sont les banqueroutes simples seules qui suivent les escroqueries et les faux. En 1938, creux de vague commun, par opposition aux abus de confiance mais par analogie avec les escroqueries et les faux. Montée commune en 1950, en même temps que les contrefaçons et les incendies volontaires, en 1953 aussi avec certaines analogies avec les abus de confiance et les faux. Mouvement commun aussi en 1954, avec la même remarque, et en 1956 comme les escroqueries. Mouvement inverse en 1958, sans aucune correspondance. Enfin, en 1959, seules les banqueroutes simples suivent la courbe des faux et des incendies volontaires.

Ainsi, sauf certaines divergences dans l'entre-deux-guerres, banqueroutes frauduleuses et banqueroutes simples évoluent généralement ensemble, et lorsqu'un des deux phénomènes seulement suit la courbe d'une infraction de fraude, l'autre rétablit rapidement l'équilibre en la suivant seul à son tour. On ne perçoit donc dans les statistiques aucune différence de nature profonde entre les deux genres de banqueroutes, dont l'un ne suit pas mieux que l'autre les mouvements d'ensemble des infractions de fraude.

36 Mais à côté de cette absence de différence de nature, existe-t-il entre les deux phénomènes une différence de gravité? Elle devrait alors se marquer par le sort plus favorable réservé aux banqueroutiers simples, la clémence des peines appliquées contribuant alors à renforcer dans la population la hiérarchie des valeurs suggérée par le Code pénal. En fait, il n'en est rien : les niveaux de peines ne sont pas foncièrement différents. Si l'on compare l'évolution des condamnations du chef de banqueroute de 1910 à 1967, on constate, pour les banqueroutes frauduleuses comme pour les banqueroutes simples, le même mouvement de l'emprisonnement ferme (de plus de 6 mois, puis de 6 mois et moins) à l'emprisonnement conditionnel, et en sens inverse de l'amende conditionnelle à l'amende simple :

CONDAMNÉS
en ordre principal à :

	l'emprisonnement			l'amende		total
		sans condition				
	condi-tionnel	plus de 6 mois	6 mois et moins	condi-tion-nelle	simple	
1910						
Banq. frauduleuse	11	22	22	1	5	61
Banq. simple	13	2	18	6	7	46
1968						
Banq. frauduleuse	16	7	3	—	1	27
Banq. simple	32	3	12	—	6	53

Ce tableau ne fait apparaître aucune différence réelle de gravité entre les deux phénomènes : simplement un renversement des proportions de condamnations du chef de banqueroute frauduleuse et de banqueroute simple entre 1910 et 1968, qui révèle peut-être l'évolution de la politique judiciaire : une forte proportion de délits qui en 1910 auraient donné lieu à des poursuites du chef de banqueroute frauduleuse n'entraînent plus à présent que des poursuites du chef de banqueroute simple.

Mais si la marque de « banqueroutier simple » paraît moins grave, la peine n'en est pas pour autant sensiblement plus douce : ainsi, le compte général de l'administration de la justice française révèle, pour 1971, sur 964 condamnations du chef de banqueroute simple, 689 peines d'emprisonnement, dont 59 supérieures à un an, et sur 223 condamnations du chef de banqueroute frauduleuse, 175 peines d'emprisonnement, dont 32 supérieures à un an. Il y avait d'ailleurs 271 récidivistes parmi les banqueroutiers simples, pour 75 parmi les banqueroutiers frauduleux.

La réalité judiciaire conteste le stéréotype traditionnel de la faute grave et de la faute légère. Qu'il suffise de comparer la gravité d'un cas ordinaire de banqueroute frauduleuse à celle d'une hypothèse courante de banqueroute simple. Un homme d'affaires a lutté trop longtemps pour se maintenir à flot alors que sa situation financière est fort compromise. La nuit qui précède la saisie de ses biens par huissier, il déménage en secret les meubles qui garnissent sa maison : il les aura détournés au préjudice de la masse, il sera banqueroutier frauduleux. Un notaire s'est, pour sa part, contrairement à sa déontologie, lancé dans une chaîne de spéculations immobilières, qui tournent mal ; un agent de change a joué en bourse avec les titres que lui ont confiés de petits épargnants, et la chance ne lui sourit pas ; l'un et l'autre mènent, en quelques années, leurs clients à la ruine, mais ils ne détournent rien au préjudice de la masse, n'altèrent pas leur comptabilité, ne supposent pas des dettes inexistantes : ils seront banqueroutiers simples.

37 On peut conclure que si, en logique purement juridique, la banqueroute gagne à être bicéphale, dans la réalité criminologique elle est fondamentalement une : que la faillite soit infraction de fraude ou de mise en danger grave, elle n'en change pas pour autant de nature, et la gravité ne va pas nécessairement du côté de la fraude. Au niveau statistique, la banqueroute apparaît comme un phénomène homogène.

*
* *

IV. CONDAMNATIONS ET ACQUITTEMENTS

38 E. Ferri (59) avait constaté qu'au cours du XIXe siècle, en France, la proportion des affaires clôturées parce que l'auteur était demeuré inconnu ou que les preuves rassemblées étaient insuffisantes, avait augmenté sensiblement, mais que cette diminution avait été compensée, au stade du jugement, par une diminution de la proportion des acquittements [13].

Ce phénomène, qui peut s'expliquer par l'effet automatique, au niveau du jugement, d'un filtrage plus sévère des affaires au niveau de l'information et de l'instruction, a été interprété par J. Pinatel (123), comme une compensation, par les juridictions de jugement, de la déficience ou de l'inefficacité des poursuites pénales, traduisant la foi du magistrat, dans la vertu de la « garantie du châtiment », c'est-à-dire de la certitude de la peine comme conséquence du délit [14].

39 Il paraît intéressant de vérifier cette hypothèse dans les statistiques belges des condamnations et des acquittements du chef de banqueroute au cours des cinquante années allant de 1910 à 1960. Notre source sera constituée derechef par les statistiques judiciaires dont — on le sait — l'unité est la personne condamnée ou acquittée au cours d'une audience. En d'autres termes, s'agissant d'une personne jugée au cours d'une même audience, sur poursuite du chef de banqueroute frauduleuse et de banqueroute simple, trois situations peuvent se présenter:

1° condamnation des deux chefs: dans ce cas, la condamnation la plus forte — en principe, du chef de banqueroute fauduleuse — apparaîtra seule;

2° condamnation du chef de banqueroute frauduleuse et acquittement du chef de banqueroute simple, ou vice versa: en pareil cas, seule la condamnation apparaîtra dans la statistique;

3° double acquittement: dans cette hypothèse, l'acquittement du chef de l'infraction la plus grave — en l'occurrence la banqueroute frauduleuse, qui est un crime — l'emportera sur la banqueroute simple, qui est un délit.

Dans le premier comme dans le troisième cas, la statistique risque d'être déformée en faveur de la banqueroute frauduleuse.

40   Or, que révèle cette comparaison des condamnations et des acquittements?

1° Il n'apparaît pas que les acquittements diminuent en nombre lorsque les condamnations augmentent: au contraire, pour les banqueroutes frauduleuses comme pour les banqueroutes simples, les courbes de condamnations et les courbes d'acquittements présentent la même allure. Les pics sont les mêmes (1910, 1912, 1926, 1928, 1933, 1935, etc.), et les « creux de vagues » également (1911, 1915, 1917-1918, 1927 pour les banqueroutes frauduleuses, 1929 pour les banqueroutes simples, 1936, 1940 pour les banqueroutes simples, etc.).

2° Le plus souvent, c'est, précisément au cours des périodes de basse criminalité de banqueroute que les acquittements l'emportent, proportionnellement, sur les condamnations. Ainsi, à part les pics de 1910, 1912 et 1937, la courbe relative des acquittements ne dépasse celle des condamnations qu'au cours des années minimales : 1915 à 1921, 1941 à 1949 et, pour les banqueroutes frauduleuses, 1952 à 1960.

L'hypothèse de Ferri étant de la sorte infirmée dans son application aux banqueroutes, on pourrait conclure que l'objectif de prévention générale [15] par une application stable de peines qui confirment les citoyens dans la « certitude du châtiment » est abandonné par les juges dans le domaine des banqueroutes.

C'est heureux car, si l'on peut déjà douter de l'efficacité préventive des peines vis-à-vis de candidats à la « carambouille », c'est-à-dire à l'escroquerie consistant dans l'organisation d'une faillite profitable, on aperçoit moins bien encore comment la crainte d'une peine retiendrait l'honnête commerçant, pris à la gorge, de réagir à une situation de catastrophe par des moyens qui s'enchaînent comme un tourbillon (v. *infra*, ch. 4). Agir sur la stabilité du taux des condamnations du chef de banqueroute serait futile, le pouvoir judiciaire l'a parfaitement compris.

C'est, dès lors, en toute sérénité que le juge soupèse, dans chaque cas individuel, les différents aspects pénaux d'une affaire de faillite. Malgré les multiples filtrages qui ont précédé l'inculpation explicite du failli, il n'accepte d'apposer l' « étiquette » de banqueroutier que dans une proportion limitée de cas : la loi l'y autorise, en soumettant à son appréciation différents éléments constitutifs, et, dans certains cas (de banqueroute simple « facultative »), en lui permettant d'exercer un choix, exceptionnel pour lui, dicté par l'opportunité de condamner [16]. Certes, son hésitation à condamner résulte, dans de nombreux cas, d'autres éléments : l'insuffisance des preuves, les contradictions des rapports d'expertise, les défectuosités de l'instruction.

Pour ces différentes raisons, le taux d'acquittements en matière de banqueroute est particulièrement élevé. De 1910

à 1967, les tribunaux belges ont prononcé 1768 condamnations et 598 acquittements (soit 25% environ) du chef de
banqueroute frauduleuse, et 2329 condamnations et 569 acquittements (quelque 20%) du chef de banqueroute simple.
En 1967, la proportion s'établissait à 26 acquittés (46%)
pour 30 condamnés du chef de banqueroute frauduleuse et à
15 acquittés (18%) pour 67 condamnés du chef de banqueroute simple. A titre de comparaison, la proportion du total
des personnes jugées par les tribunaux correctionnels s'établissait, la même année, à 5637 acquittés (moins de 10%)
pour 54 114 condamnés [17]. Ceci ne peut que nous confirmer
dans la conviction qu'une étude criminologique de la banqueroute doit adopter pour critère le résultat du processus
social de triage des délinquants.

NOTES du chapitre 2

[1] Voyez en fin de volume le texte des principales dispositions de droit belge et français applicables à la banqueroute.

[2] L'écoulement d'un certain temps éteint les poursuites pénales par « prescription ». Cet « oubli » judiciaire se justifie surtout par le rapide dépérissement des preuves. C'est ainsi qu'en Belgique, des faits de banqueroute punissables de peines correctionnelles — la majorité des cas — ne peuvent plus faire l'objet d'une condamnation après un délai maximal de six ans. Les expertises comptables requises dans les affaires graves et difficiles augmentent considérablement les chances d'atteindre ces échéances.

[3] Sur cette théorie, voy. Yamarellos et Kellens, 177, v° « Facteur économique ».

[4] Lescure (98), au sujet des périodes de hausse, écrit qu'elles « suscitent une spéculation malhonnête » : « Des fortunes sont rapidement édifiées. De pareils exemples atteignent le régime lui-même. Le commerçant, l'industriel honnêtes, seront souvent victimes des spéculations d'autres négociants moins scrupuleux. Le riche d'hier devient le pauvre de demain; la crise se joue à rejeter violemment le gros capitaliste de la veille dans les rangs de la classe moyenne. L'ouvrier est condamné au chômage ou son salaire est réduit. Une fermentation générale en résulte. Peu à peu ce bouleversement d'origine purement économique se transforme en un malaise social. La criminalité s'accroît. Non seulement l'immoralité se développe, mais l'ordre juridique, politique et économique est lui-même mis en question. »

[5] Voy., à propos de l'arrêté royal n° 11, du 15 octobre 1934, del Marmol (47).

[6] Cf., pour la « capacité d'absorption » des Parquets, Davidovitch (42).

[7] L'ordonnance de séquestre (« *receiving order* »), prononcée par le tribunal, à la suite d'une demande de faillite, afin de sauvegarder l'actif du débiteur durant la procédure préparatoire à un jugement éventuel de faillite, constitue, en principe, une condition suffisante pour l'intentement des poursuites pénales par le *Board of Trade* : Kellens (89).

[8] Pour l'Allemagne, voy. spécialement Ullrich (167).

[9] Un phénomène « déviant » n'est rien d'autre qu'un comportement perçu comme pathologique et qualifié de déviant par le groupe social : voy. Becker (7), Kutschinsky (95), Dessaur (49).

[10] La criminalité générale ou globale est l'ensemble des infractions comptabilisées dans les statistiques criminelles.

[11] Ainsi, les statistiques anglaises reflètent la criminalité connue de la police (criminalité apparente), tandis que les statistiques continentales comptabilisent en principe la criminalité punie par les tribunaux (criminalité légale).

¹² Il s'agit ici des « statistiques judiciaires » au sens strict, par opposition à la « statistique criminelle », également publiée par l'Institut national de statistique, mais dont l'unité de mesure est l'individu condamné, non pas au cours d'une audience, mais au cours d'une année civile : s'il a fait l'objet de plusieurs condamnations définitives au cours d'une même année, il n'est compté que pour la dernière condamnation encourue.

13 Périodes		Proportion des acquittés sur 100 prévenus		
		Assises	Tribunaux correctionnels	Total
I.	1826-30	39	31	32
II.	1831-35	42	28	30
III.	1836-40	35	22	23
IV.	1841-45	32	18	19
V.	1846-50	26	16	17
VI.	1851-55	28	12	13
VII.	1856-60	24	10	7
VIII.	1861-65	24	9	6
IX.	1866-69	23	17	8
X.	1872-76	20	6	6
XI.	1877-81	23	5	6
XII.	1882-86	27	6	6
XIII.	1887-91	29	5	6
XIV.	1892-95	30	5	6

Moyennes annuelles	Affaires classées sans suite par le Ministère public ou clôturées par une ordonnance de non-lieu d'une juridiction d'instruction, parce que	
	Les auteurs en sont inconnus	Les preuves insuffisantes
1831-35	10,7 %	8,6 %
1836-40	10,0	8,1
1841-45	9,9	7,9
1846-50	11,1	7,1
1851-55	11,6	6,9
1856-60	11,6	6,8
1861-65	11,8	7,5
1866-70	12,2	8,2
1871-75	13,1	7,8
1876-80	13,3	7,6
1881-85	14,8	5,8
1886-90	16,4	5,0
1891-95	16,8	4,8

[14] D'un point de vue voisin, A. Davidovitch (41) écrit que « si l'acquittement représente le *degré zéro* de la sanction, il n'en garde pas moins une signification positive au regard du fonctionnement de la responsabilité. La tendance à l'acquittement varie en intensité, sans différer pour autant dans son orientation profonde, selon le type de la juridiction. En outre, la fréquence variable des acquittements selon les types d'auteurs et les types d'infractions, ou mieux suivant la combinaison des deux, rend sensible la frontière par où s'opère la séparation de la masse des faits réellement punis de la masse de ceux qu'il eût paru possible, ou simplement souhaitable, de punir. Autrement dit, la distribution des acquittements traduit, avec une précision qui ne dépend que de la rigueur des calculs effectués, les variations de l'exigence sociale de responsabilité et permet d'en suivre l'évolution dans le temps. L'acquittement peut donc être considéré comme un indice sûr, effectif et non seulement théorique, du besoin social de répression.

[15] La prévention générale est l'effet d'intimidation attendu de l'existence et du prononcé de peines. Elle vise le grand public, par opposition à la prévention spéciale, qui tente de faire échec à la récidive de la personne condamnée.

[16] Cf. note 1, ci-dessus.

[17] En France, A. Davidovitch (41) notait, parmi les accusés du chef de banqueroute frauduleuse déférés à la cour d'assises, 58,6 % d'acquittés durant la période quinquennale 1826-1830, 53,3 % en 1856-1860, 66,7 % en 1906-1910 et 100 % en 1946-1950, cependant que, parmi les prévenus déférés du chef de banqueroute simple au tribunal correctionnel, 30,5 % étaient acquittés au cours de la première période, 10,4 % au cours de la deuxième, 5,3 % au cours de la troisième, et de nouveau 10,7 % au cours de la quatrième.

CHAPITRE 3

LE BANQUEROUTIER

41 On n'est pas banqueroutier : on est déclaré banqueroutier.

Dans la tradition durkheimienne, une formule analogue pourrait être utilisée dans quelque secteur de la criminologie que ce soit. Comme le rappelle D. Szabo (157), « Durkheim affirmait que le crime n'est rien d'autre que ce que la société définit comme tel : par conséquent, il faut rechercher dans la réaction sociale suscitée par un acte s'il est déviant, non conformiste ou criminel. De ce point de vue, la déviance n'est pas une propriété « inhérente » à certaines formes de comportement. C'est une caractéristique conférée à celles-ci par les milieux qui sont en leur présence. Il s'ensuit que la variable stratégique importante n'est pas la personne accusée de déviance, mais bien la réaction de la collectivité auxdits actes... La déviance n'est pas une « qualité » de l'acte mais la conséquence de l'application de sanctions (les « règles » des autres) au « délinquant ». Le délinquant est donc celui qui est étiqueté comme tel, la conduite déviante est celle qui est stigmatisée comme telle par la collectivité ».

42 Cette remarque, qui est le point de départ de la théorie interactionniste en criminologie [1], s'applique particulièrement bien au banqueroutier. Dans la tradition juridique franco-belge, on est *déclaré* banqueroutier [2] au terme d'un « filtrage » judiciaire sévère.

En Belgique, malgré l'autonomie dont les tribunaux correctionnels disposent dans l'appréciation de la faillite, élément de la banqueroute, une procédure pénale intervient rarement en l'absence d'une déclaration de faillite par le tribunal de commerce. La déclaration de faillite s'accompagne en effet de la désignation d'un curateur dont le rôle n'est pas pénal mais qui n'en apparaît pas moins, *volens nolens*, comme la pierre angulaire du système répressif en matière de banqueroute.

Le curateur a en effet la charge de rédiger, dans les quinze jours de son entrée en fonction, un « mémoire ou compte sommaire de l'état apparent de la faillite, de ses principales causes et circonstances, et des caractères qu'elle paraît avoir » [3]. Ce rapport, qui consiste en fait en la réponse à un formulaire comportant une série de questions intéressant la poursuite, est transmis, par les soins du juge-commissaire, au procureur du Roi. Il constitue la plupart du temps la première pièce d'un dossier de banqueroute.

Mandataire de justice, le curateur néglige cependant fréquemment cette tâche qu'il considère comme étrangère à sa mission essentielle, de nature commerciale. Selon son expérience en matière de faillites, il évitera difficilement l'un ou l'autre des deux écueils : celui de transmettre comme argent comptant, par manque de temps, des affirmations non vérifiées qui seront infirmées par la suite mais n'en auront pas moins déclenché une procédure pénale qui se poursuivra jusqu'au jugement ; ou, à l'inverse, par dépit de voir les rares suites que le parquet a réservé à ses précédentes indications, celui de remplir à la hâte un formulaire qui lui paraît inutile.

La plupart des faillites (*supra*, n° 22) contiennent des éléments de banqueroute. Le parquet ne poursuit cependant pas dans chaque cas, loin de là. Il s'aligne avant tout sur la jurisprudence du tribunal, qui à son tour est fonction de la jurisprudence de la cour d'appel. Ainsi, le Parquet fera l'économie de poursuites du chef de banqueroute simple facultative si le tribunal n'use qu'exceptionnellement de sa « faculté » de déclarer la banqueroute dans de tels cas.

Le casier judiciaire du failli exerce une influence sur la décision de poursuivre, dans les cas douteux. Il faut tenir compte de cette influence lorsqu'on envisage de tirer, a posteriori, des conclusions de la comparaison des casiers judiciaires de banqueroutiers et de faillis non condamnés du chef de banqueroute. Dans les affaires difficiles, le Parquet hésitera à mettre à l'instruction un dossier qui risque de n'être traité que tardivement par un juge d'instruction et un expert-comptable surchargés : le prestige de la justice sort blessé de dossiers qui s'éteignent dans ses lenteurs [4].

Si l'on ajoute aux précautions que prend le Parquet au niveau des poursuites, la proportion des acquittements prononcés par les tribunaux (*supra*, n° 40), on sera bien tenté de donner son plein sens à l'expression « filtres judiciaires ». Un filtre, c'est tout l'inverse d'un filet : un filet retient les gros poissons, et laisse échapper les petits, qui ne sont pas intéressants; un filtre laisse passer uniquement les petits, sur lesquels tout le zèle se concentre.

C'est dès lors dans le chapitre consacré au banqueroutier comme personne que doivent particulièrement émerger les responsabilités de la criminologie. Trop longtemps, les criminologues se sont situés dans le « système », à la recherche des racines du mal, accusant les différences entre criminels et non-criminels par des comparaisons systématiques faites, bien sûr, pour les uns en prison, pour les autres en milieu libre. En décrivant les criminels comme une espèce à part, comme des étrangers, ils ont ajouté leur voix à celle des gens qui crient « au voleur ». Ils ont donné bonne conscience à la société, en accentuant un stéréotype placé en forme de postulat et d'hypothèse à la fois, ce qui permettait de le retrouver intact à l'arrivée (Chapman, 24; Robert et Kellens, 135).

Nous voudrions échapper à ce genre de tautologies dans les sections qui suivent. Les banqueroutiers qui vont apparaître dans ce chapitre représentent un résidu parmi tous les banqueroutiers possibles. Leurs caractéristiques sont surtout révélatrices des mécanismes de l'ordre social,

qui ne se déclenchent que lorsque certaines conditions cata-
lysantes sont réunies. Et les traits psychologiques, bien
incertains, qui peuvent émerger sont surtout des traits in-
culqués (par exemple l'idéal de la réussite) et sanctionnés
dans l'échec. Loin d'être constitutionnels, ils sont cultivés
par le milieu social et, s'ils sont mis en cause dans des cas
individuels, c'est peut-être parce qu'ils n'ont pas été assez
affirmés. Une étude psychologique valable supposerait la
comparaison d'hommes d'affaires qui ont réussi aux côtés
d'autres qui ont échoué, dans le même contexte socio-
culturel. A côté de minables palimpsestes [5] de petits banqueroutiers, il faudrait relire les mémoires rédigés, avec un
« monstrueux aveuglement », par des champions de la réussite : John Pierpont, André Carnegie, John D. Rockefeller,
que bien peu d'ailleurs oseraient qualifier de « criminels en
col blanc » (Mergen, 107).

43 Dans la vie courante, le « banqueroutier moyen »
n'existe pas davantage que l' « homme moyen » de Quételet
(*supra*, n° 19). Le banqueroutier moyen existe cependant en
tant que moyenne des cas retenus par la justice et stigmati-
sés. En filigrane, il suggère la représentation judiciaire du
banqueroutier. Il mérite dès lors qu'on s'y attache, dans un
premier temps, avant de revoir, dans une deuxième section,
derrière l'abstraction judiciaire, le banqueroutier dans le
flux de sa vie. Dans le premier chapitre, la première de ces
deux approches était qualifiée de « statique », la deuxième
de « dynamique ».

I. LE « BANQUEROUTIER MOYEN »

44 Le profil judiciaire du banqueroutier peut, selon les
caractéristiques qu'on retient, être sociologique ou psychologique.

1. Le profil sociologique

45   Quatre traits sociologiques nous ont paru émerger particulièrement des dossiers mis à notre disposition : le sexe, l'âge, l'état civil, le niveau socio-professionnel.

1. Le sexe

46   Que l'on considère le phénomène comme le reflet d'une réalité ou comme un simple artifice statistique [6], c'est un fait général en criminologie que « la délinquance masculine est de loin la plus élevée dans tous les pays, dans toutes les collectivités nationales, tous les groupes d'âges, toutes les périodes de l'histoire pour lesquelles nous possédons des statistiques, et tous les types d'infractions, excepté celles qui sont par nature plus intimement liées au sexe féminin, telles que l'avortement et l'infanticide » (Sutherland et Cressey, 155).

La banqueroute n'échappe pas à ce principe. La prédominance numérique des hommes parmi les condamnés et plus encore, parmi les détenus du chef de banqueroute, apparaît écrasante, quelle que soit la source statistique — judiciaire ou pénitentiaire — à laquelle on a recours.

a) En ce qui concerne *les condamnés*, on peut citer quelques chiffres allemands, anglais, français et belges.

Pour l'Allemagne fédérale dans son ensemble, et pour l'Etat de Rhénanie-Westphalie (Nordrhein-Westfalen), le pourcentage de femmes condamnées du chef de délits en matière de faillite se présentait, de 1950 à 1957, respectivement de la manière suivante (Ullrich, 167) :

Années	1950	1951	1952	1953	1954	1955	1956	1957
Allemagne fédérale	6,06	13,6	9,33	11,42	13,79	16,52	14,0	15,24
Rhénanie-Westphalie	—	—	11,11	19,04	14,81	21,42	10,81	17,24

Dans l'arrondissement judiciaire de Hanovre, 61 hommes (88,4 %) et 8 femmes (11,6 %) étaient condamnés du chef de délits analogues au cours des années 1955-1957 (Skrotzki, 146). En Angleterre, en 1963, 38 hommes, et 2 femmes, étaient condamnés du chef de « *bankruptcy offences* ». En 1960, les condamnés étaient 17 hommes et 3 femmes.

Dans la statistique française de 1971, on relève un total de 1 187 condamnés correctionnels du chef de banqueroute frauduleuse ou simple. 970 sont des hommes, 217 des femmes. En Belgique, en 1968, on retenait 98 condamnés du chef de banqueroute : 83 hommes, 15 femmes, soit un pourcentage de femmes inférieur à celui de l'ensemble de la population condamnée, 20,41 %. Dans la statistique que nous avons élaborée à partir des faillites prononcées par le tribunal de commerce de Verviers de 1958 à 1967, nous constatons la présence de 8 femmes (12,5 %) pour 56 hommes (87,5 %). Ces différences ne s'expliquaient que très imparfaitement par le moindre rôle de la femme dans la vie économique, la situation au registre du commerce pour l'ensemble de la Belgique en 1966 accusant la proportion de 18 423 femmes (41,52 %) pour 25 956 hommes (58,48 %) propriétaires d'entreprises [7].

b) Les proportions sont plus frappantes encore si on envisage *les personnes incarcérées* en vertu d'une condamnation du chef de banqueroute. Ainsi, dans le groupe de cent détenus dont nous avons pu consulter le dossier pénitentiaire, on relevait la présence de 5 femmes seulement, pour 95 hommes. En 1962, année moyenne d'incarcération de ces banqueroutiers, on ne trouvait d'ailleurs dans les établissements pénitentiaires belges, sur 5 399 condamnés de droit commun, que 368 femmes.

Sans doute la proportion des femmes parmi les auteurs de banqueroute s'explique-t-elle essentiellement par la psychologie de la femme d'affaires, moins audacieuse, abandonnant à temps une entreprise qui périclite, peut-être plus rouée dans les voies de la délinquance lorsqu'apparaît la débâcle [8], enfin plus favorablement traitée par un pouvoir judiciaire où prédominent des hommes. Mais le phénomène n'est pas propre à la matière de la banqueroute.

2. L'âge

47   Plus spécifique est le problème de l'âge des banqueroutiers.

L'âge moyen des délinquants est éminemment variable suivant les types d'infractions. Si le sommet moyen de la courbe des âges *(« peak age »)* se situe le plus souvent entre 20 et 25 ans pour les hommes, entre 25 et 30 ans pour les femmes, la moyenne est toute différente en matière de criminalité économique, où la majorité des délinquants ont entre 30 et 50 ans (van Bemmelen, 8). Sur pied de la statistique criminelle des années 1896-1900, A. Niceforo ne retenait comme infractions commises essentiellement entre 40 et 50 ans, que les fraudes commerciales et aussi, il est vrai, l'exploitation de la débauche (114).

L'exemple de la banqueroute est à cet égard relativement typique. En Belgique, les banqueroutiers condamnés se répartissaient, en 1960 et en 1968, entre les tranches d'âge suivantes :

	moins de 21 ans	21 ans à moins de 30	30 à 40	40 à 50	50 à 60	60 et plus
1960						
hommes	—	6	30	25	12	2
femmes	—	3	4	4	1	1
1968						
hommes	1	13	39	21	4	5
femmes	—	3	5	5	2	—

En France en 1971, la répartition était la suivante :

hommes	2	238	332	269	79	39
femmes	1	36	78	64	26	11

En Angleterre, en 1968, 36 hommes et 2 femmes étaient déclarés coupables d'infractions en matière de faillites. Le groupe se divisait ainsi :

| hommes | — | 3 | 13 | 13 | 5 | 2 |
| femmes | — | — | — | 2 | — | — |

Le groupe pénitentiaire anglais étudié par J. Spencer en 1959 était entièrement composé de détenus de plus de 30 ans (149).

Les chiffres allemands sont concordants. Pour l'ensemble de l'Allemagne, l'Etat de Rhénanie-Westphalie et les arrondissements judiciaires de Essen et de Hanovre totalisaient respectivement, de 1950 à 1957, des banqueroutiers répartis entre les groupes d'âge suivants :

Allemagne fédérale	8	133	291	327	183	69	
Rhénanie-Westphalie	4	27	64	65	30	20	
Essen	—	2	12	14	6	3	(167)
Hanovre	—	17,75 %	34,5 %	34,5 %	13,25 %	—	(196)

Dans le groupe de 64 condamnés dont nous avons consulté le dossier judiciaire à Verviers, nous retrouvons une application de la statistique criminelle belge (10 de moins de 30 ans, 41 de 30 à moins de 50 ans, 13 de plus de 50 ans). L'image est plus accentuée dans le groupe de 100 détenus dont nous avons consulté le dossier au Centre d'anthropologie pénitentiaire de Saint-Gilles (8, 65 et 27).

Ces chiffres n'ont en soi rien qui puisse surprendre. La quarantaine peut être l'âge de la pleine réussite, mais aussi celui du désenchantement, des « illusions perdues ». C'est à cet âge que par exemple, le technicien ou l'artiste dépendant devenu, sur le tard, un homme d'affaires « installé à son compte », récoltera les conséquences de son inexpérience technique, administrative ou financière ou d'un train de vie relativement trop élevé, de frais généraux excessifs (Marchant, 104). Ce n'est là qu'un aspect du phénomène des faillites elles-mêmes.

Encore faut-il bien s'entendre sur la notion de faillite et la notion de banqueroute qui en est tributaire. Par hypothèse, nous avons restreint la faillite à la débâcle de l'homme d'affaires et la banqueroute aux infractions du domaine des affaires qu'il a pu commettre à cette occasion. Même dans les pays qui, tels les Etats-Unis, intègrent entreprises et consommateurs dans la notion de faillite, la distinction entre faillite et banqueroute, d'une part, déconfiture et insolvabilité frauduleuse, d'autre part, réapparaît d'ailleurs dans les statistiques et les rapports officiels (Dix, 51).

Mais le profil du failli du type « consommateur », qu'il soit délinquant ou non, serait tout différent. Ainsi, aux Etats-Unis, on le décrit comme un homme marié, relativement jeune (30 ans en moyenne), ayant environ trois enfants, jouissant d'un salaire appréciable qu'il a hypothéqué en vivant pendant un certain temps au-dessus de ses moyens (Dolphin, 52). La raison de sa chute, c'est l'abus du crédit, et le seul point commun qu'il ait avec l'homme d'affaires failli, c'est peut-être son optimisme et son incapacité de gérer, en l'occurrence un budget familial.

Cette différence nous était apparue aussi à l'occasion d'une étude récente sur les aspects criminologiques des ventes à tempérament en Belgique (87). Entre 21 et 30 ans, constations-nous, il s'agit essentiellement d'une délinquance de couples disciplinant mal leur désir de confort ou de prestige, n'hésitant pas à affirmer un achat fictif pour obtenir un financement intégral, ou à revendre ce qui ne leur appartient pas encore, lorsqu'ils s'aperçoivent qu'ils ne pourront le payer complètement. Passé 30 ans, les ventes à tempérament sont exploitées d'une autre manière : c'est alors plutôt le terrain de chasse de l'homme d'affaires véreux qui y trouve, suivant l'expression de Merlin (108), matière à « friponner ».

3. L'état civil

48   La Bruyère (96) écrivait que « le mariage qui devrait être à l'homme une source de tous les biens, lui est souvent, par la disposition de la fortune, un lourd fardeau sous lequel il succombe : c'est alors qu'une femme et des enfants sont une violente tentation à la fraude, au mensonge, et aux gains illicites; il se trouve entre la friponnerie et l'indigence. Etrange situation ».

C'est là poser le problème en termes classiques de « facteur criminogène », alors que ce sont surtout les attitudes à l'égard des valeurs familiales, qui ont déterminé la situation matrimoniale elle-même. La banqueroute étant le fait d'hommes d'affaires d'un certain âge, partageant une forme d'idéal bourgeois où le foyer familial est l'une des valeurs essentielles, il est naturel de rencontrer ici une plus forte proportion de personnes mariées que dans la statistique générale. Que les charges familiales contribuent à l'affolement devant une catastrophe ne limite en rien cette remarque.

Alors que la proportion de célibataires dans la population criminelle générale [9], se situe en principe à l'entour de 30 %, la proportion de célibataires parmi les condamnés du chef de banqueroute est beaucoup plus négligeable. En Belgique, ils étaient, en 1960, 8 sur un total de 88 et en 1968, 10 sur 98. En France en 1971, 125 sur 1 187, les proportions n'étant pas sensiblement différentes pour les hommes et pour les femmes. Dans deux arrondissements judiciaires allemands, on relevait respectivement 3 célibataires (dont deux femmes) pour 29 mariés, 4 divorcés et 1 veuf, d'une part (Ullrich, 167), 3 célibataires pour 57 mariés (parmi lesquels 3 divorcés remariés), 7 divorcés et 2 veufs (Skrotzki, 146). Dans son échantillon de détenus anglais retenus pour infractions en matière de faillites, J. Spencer (149) constatait que presque tous étaient mariés, que très peu vivaient séparés, leur mariage étant pour la plupart assez stable, à l'inverse de celui du criminel d'habitude.

Plus significative est peut-être la comparaison entre la situation matrimoniale des banqueroutiers d'une part, des commerçants en général, et des délinquants en général, d'autre part.

Si nous consultons la statistique criminelle belge de 1960, la situation des délinquants en général, et des banqueroutiers en particulier, se présente de la manière suivante :

	Délinquants en général (en %)		Banqueroutiers (en chiffres absolus)	
	Hommes	Femmes	Hommes	Femmes
Célibataires	28,28% de l'ensemble = 35,90% des hommes	2,69% de l'ensemble = 12,67% des femmes	6 = 8%	2 = 15,38%
mariés	46,74 = 59,35%	17,02 = 80,28%	66 = 88%	8 = 61,54%
divorcés	2,11 = 2,67%	0,77 = 3,61%	—	1 = 7,69%
veufs	1,51 = 1,91%	0,71 = 3,32%	3 = 4%	2 = 15,39%
état civil inconnu	0,14 = 0,17%	0,03 = 0,12%	—	—
total	78,78 = 100%	21,22 = 100%	75 = 85% = 100% des hommes	13 = 15% = 100% des femmes

Ce qui frappe à ce niveau de comparaison, c'est la proportion plus forte de mariés parmi les banqueroutiers, du moins les hommes, ce qui confirme nos remarques précédentes, et la plus forte proportion aussi de personnes veuves, ce qui correspond à une situation fréquemment génératrice de faillites et dès lors de banqueroutes : la reprise d'une affaire, impromptu, par une veuve qui a toujours joué dans l'affaire familiale un rôle purement matériel, à l'abri des soucis de la gestion, ou qui tient à conserver un certain statut ou certaines habitudes en reprenant une affaire déjà gravement obérée, en raison, par exemple, de la longue maladie qui a précédé la mort du mari. Mais les chiffres relatifs aux banqueroutières sont ici trop faibles pour qu'on puisse les faire parler autrement que, suivant l'expression de S. Marchant (104), « sous la torture ».

Si nous comparons à présent l'ensemble des commerçants belges immatriculés au registre du commerce entre le 1er septembre 1964 et le 28 février 1966 et toujours inscrits à cette date, et, d'une part, les banqueroutiers condamnés à la suite des faillites ouvertes à Verviers entre 1958 et 1967, d'autre part, les banqueroutiers détenus ayant fait l'objet de l'un des cent dossiers pénitentiaires que nous avons pu consulter au Centre d'anthropologie pénitentiaire de Saint-Gilles (Bruxelles), nous obtenons les chiffres suivants :

	Commerçants		Dossiers pénaux		Dossiers pénitentiaires	
	Hommes	Femmes	Hommes	Femmes	Hommes	Femmes
Célibataires	4 866 18,75%	2 154 11,69%	3 5,3%	—	5 5,26%	—
mariés	20 339 78,36%	13 758 74,68%	50 89,4%	4 50%	71 74,74%	4 80%
séparés de corps ou divorcés	491 1,89%	822 4,46%	3 5,3%	—	14 (dont 2 de corps) 14,74%	1 20%
veufs	260 1%	1 689 9,17%	—	4 50%	5 5,26%	—
Total	25 956 = 100% des hommes et 58,48% de l'ensemble	18 423 = 100% des femmes et 41,52% de l'ensemble	56 = 100% ou 87,5%	8 = 100% ou 12,5%	95 = 100% ou 95%	5 = 100% ou 5%

Ce tableau est très caractéristique et peut être largement exploité. Nous trouvons d'abord les commerçants qui viennent de s'installer : sans doute jeunes, ils sont en grand nombre célibataires. Nous trouvons ensuite les commerçants dont les affaires ont périclité, au point d'être déclarés banqueroutiers. La statistique de Verviers présente en quelque sorte le « tout venant » de la banqueroute, tandis que celle de Saint-Gilles offre déjà une « clientèle » plus sélectionnée, qui a été incarcérée effectivement pendant un certain temps. Dans ces comparaisons, il faut cependant être prudent : pour être condamné du chef de banqueroute, il n'est pas nécessaire d'être inscrit au registre du commerce. Il suffit d'avoir fait des opérations commerciales, même contre toute déontologie (notaire ou agent de change, par exemple).

Sous ces réserves, il faut constater d'abord que le veuvage apparaît ici encore clairement comme une situation dangereuse pour un commerçant (statistique de St-Gilles) et surtout pour une commerçante (statistique de Verviers).

Cas judiciaire 1. — Du vivant de son mari, Marie N. ne s'est jamais occupée des affaires, mais seulement du ménage. Lorsqu'en 1952 son mari, représentant en grains et fourrages et dépositaire de bières et eaux, décède, laissant deux enfants à charge, N. entreprend de continuer des affaires déjà lourdement déficitaires. Comme elle n'entend rien au commerce, elle se repose entièrement sur ses ouvriers et employés, sans parvenir pour autant à « remonter le courant » : c'est d'ailleurs pour cette raison qu'en 1954, voyant les bénéfices que faisaient certains transporteurs, elle « décide de faire du transport elle aussi ». Elle achète une licence et un camion, s'endette davantage. Prélevant chichement l'argent dont elle a besoin pour son ménage, elle recourt pour ses affaires à des emprunts d'autant plus nombreux qu'elle « reçoit fréquemment la visite de l'huissier ». « Bouchant un trou en en ouvrant un autre », s'efforçant de « payer le créancier qui criait le plus fort », elle retarde la culbute jusqu'en 1959, date à laquelle, toute possibilité de crédit lui étant désormais fermée, elle achète un camion de transport en signant des traites du nom de son beau-frère, qui auparavant s'était porté aval pour une somme importante qui avait été remboursée. Déclarée en faillite en 1960, elle « se rend compte qu'il doit être difficile au curateur de se retrouver» dans une comptabilité très mal tenue, mais ajoute : « Je le dis très franchement, je ne m'y retrouvais pas moi-même »...

Cas judiciaire 2. — Au décès de son mari, marchand-tailleur, en 1955, Maria N. et son fils âgé de 20 ans trouvent une situation très obérée, due à certaines opérations malheureuses : ainsi, le défunt avait voulu exploiter une succursale dans une autre ville et y avait installé son frère qui en avait profité pour détourner une partie des marchandises pour son compte personnel. Il avait voulu d'autre part acquérir l'immeuble dans lequel il exerçait son activité et restait redevable, de ce fait, à son décès, d'une somme considérable. Enfin, il ne tenait aucune comptabilité : ni livre de caisse, ni inventaires. Du vivant de son mari, Maria lui apportait son aide, mais limitée à la vente, toute la gestion financière de l'entreprise étant réservée au mari. Nullement préparée à la tâche, elle accepte la succession, contre toute raison, considérant que, comme « son mari avait jusqu'à ce moment tenu le coup », elle devait parvenir à le faire elle aussi, de la même façon. Elle avait d'autant plus de raison d'espérer un redressement, qu'elle conservait la confiance de ses fournisseurs, qui connaissaient cependant l'importance du passif, étant eux-mêmes les principaux créanciers. Au moment où la faillite est déclarée, en 1958, la situation n'en est que plus lourde et les juges, en condamnant Maria du chef de banqueroute simple, signalent qu'elle « frôlait en l'espèce la banqueroute frauduleuse, laquelle n'a été écartée que sous le bénéfice du doute ».

Ces tableaux appellent une deuxième remarque, plus fondamentale. Le banqueroutier n'est pas un homme isolé. Le taux de banqueroutiers mariés est déjà indicatif : il se situe aux antipodes du taux des voleurs par exemple, qui réalisent plus facilement un idéal de *«desperado»* (von Hentig, 70), de hors-la-loi, pour qui l'indépendance est essentielle. Au contraire, le banqueroutier est étroitement enserré dans un réseau de relations sociales sur lequel reposent tant son crédit commercial que la confiance de sa famille. En 1960, les hommes célibataires condamnés en Belgique à des peines correctionnelles du chef de vol étaient 2 244, sur un total de 4 484. La même année, les banqueroutiers célibataires étaient 6 sur un total de 75.

Encore ces chiffres ne sont-ils que faible reflet de la réalité de la vie affective du banqueroutier pendant le temps, relativement long, que dure son état d'infraction. En effet, les banqueroutiers qui apparaissent comme séparés de corps ou divorcés, dans une statistique de condamnés ou, a fortiori, de détenus, étaient généralement encore mariés au moment de la déclaration de faillite. Les faits qu'ils ont commis et plus facilement encore, l'incarcération qui a été la suite de ces faits, n'ont été alors que le prétexte pour l'épouse de rompre des relations conjugales devenues orageuses par exemple par la vie tumultueuse d'un homme qu'un succès momentané ou supposé en affaires a trop grisé. D'autre part, les rares banqueroutiers qui sont recensés comme célibataires vivent encore souvent dans un concubinage relativement stable : ce ne sont pas non plus des hommes seuls.

4. *Le niveau socio-professionnel*

49 Le niveau socio-professionnel des banqueroutiers peut être étudié de deux manières : par une approche transversale, ou par une approche longitudinale. Dans le premier cas, on se contente du niveau atteint au moment des faits ou de la condamnation. Dans le second, on s'efforce de retracer les étapes qui ont permis d'atteindre le niveau actuel.

a) *L'approche transversale* est assez pauvre d'enseignements, d'abord en raison de l'imprécision fréquente des données statistiques, ensuite par le manque d'intérêt des renseignements eux-mêmes.

Les statistiques criminelles belges, qui distinguent sept catégories d'état social — patrons, personnes exerçant une profession libérale, employés, ouvriers, aidants, sans profession (rentiers, ménagères, personnes à charge ou vivant de la charité publique ou privée), condition sociale indéterminée — ne sont pratiquement pas exploitables[10]. Et qu'une répartition par groupes professionnels aboutisse à constater que les auteurs de vols, d'escroqueries, de fraudes, de tromperies et de falsifications relèvent essentiellement de l'industrie, du commerce, de professions non déterminées et de personnes sans profession, ne nous enseigne pas grand-chose. Pas davantage que le fait de ne rencontrer que des commerçants dans certaines études allemandes de délinquants en matière de faillites (Ullrich, 167, Strotzki, 146).

Les statistiques françaises, qui connaissent trente-six catégories socio-professionnelles, sont beaucoup plus précises, et il est déjà plus intéressant d'apprendre qu'en France en 1971 la banqueroute a atteint 970 hommes, parmi lesquels 41 « gros commerçants »[11] et 388 « petits commerçants », et 217 femmes, 3 « gros commerçants », et 122 « petits commerçants ». Les grosses entreprises, moins nombreuses que les petites, seront plus volontiers sauvées par les pouvoirs publics, soucieux de sauvegarder l'emploi. Les cessations de paiements et dès lors les banqueroutes menacent ainsi essentiellement les petites et moyennes entreprises (Kellens, 88). Au surplus, les dossiers concernant de grosses entreprises sont généralement plus complexes et offrent dès lors moins de risques de condamnation (*supra*, n° 22; Schultz, 141). En Angleterre, un auteur s'insurge contre les « protections » dont bénéficieraient les plus dangereux banqueroutiers (Chapman, 24).

b) Plus significatifs sont les résultats d'une *approche longitudinale* retraçant les étapes socio-professionnelles parcourues par les banqueroutiers à partir du niveau atteint par le père.

J. Spencer (149) a judicieusement mis en évidence la mobilité sociale ascendante *(« upward mobility »)* des petits « criminels en col blanc » qu'il avait étudiés en 1959 à la prison de Leyhill. Issus de familles pauvres, ils avaient eu la détermination d'escalader les échelons de la société. Répondant aux grandes espérances de leur mère plutôt que de leur père, ils s'étaient hissés à la force des poignets à un certain niveau, qu'ils voulaient que leurs enfants dépassent encore. Ils contrastaient avec leurs proches, par exemple le frère, qualifié de « routinier », « sans ambition », ou « placide ». Séparant nettement les affaires et les sentiments, ils s'étaient créé une « double vie », leur épouse ignorant tout de leurs relations professionnelles, mais assistant à la conquête de symboles d'ascension sociale : la voiture, la demeure luxueuse, etc. Plus généralement, ils avaient séparé les normes des différents groupes dont ils faisaient partie : travail, famille, loisirs, etc., supportant, suivant leur personnalité, plus ou moins bien les conflits de normes résultant de cette situation. Certains, qui avaient eu plus que d'autres le souci de sauvegarder les apparences, avaient sombré dans la dépression nerveuse.

N'inférons pas trop vite de ces remarques que la banqueroute est le résultat naturel des excès d'ambition, qui mènent à une profession qu'on ne parvient pas à jouer « corps et âme ». La réussite sociale est un but culturellement assigné. Dans la mesure où les moyens disponibles ne coïncident pas à ces buts prescrits, c'est la société qui engendre l'anomie — l'absence de normes — et la criminalité anomique (*infra*, n° 76).

Cas pénitentiaire 1. — Dans une affaire de banqueroute à charge d'un grossiste en confiserie, étranger, parti de rien, dont les affaires avaient pris une extension excessive par rapport aux liquidités disponibles, le tribunal suppute la peine en considérant

« A : d'une part, a) le nombre considérable d'infractions commises pendant un long laps de temps ; b) l'importance des sommes frauduleuses obtenues ; c) le fait que certaines victimes de N. étaient de modestes commerçants pour lesquels la perte est ressentie très durement, et B : d'autre part, a) le fait que pendant des années N. a dirigé correctement ses affaires commerciales ; b) qu'il a travaillé avec acharnement pour élever son niveau social ; c) le fait que de nombreux fournisseurs et les organismes de crédit qui ne pouvaient ignorer sa situation difficile, ont continué soit à le fournir, soit à lui procurer de nouvelles liquidités ; d) enfin le fait qu'il s'est constitué volontairement prisonnier après quelques jours de fuite. »

Cas judiciaire 3. — Jean N. avait treize mois lorsque son père, homme de théâtre à la vie de bohême, meurt d'une congestion cérébrale. N., de constitution chétive, souffre beaucoup du total désintérêt que lui réserve sa mère, soucieuse surtout de son commerce, puis de la brutalité et des violences de son parâtre. Malgré une enfance maladive, il est bon élève. De 14 à 16 ans, il est porteur de télégrammes, suit des cours du soir. Il devient employé d'assurances puis, de 17 à 25 ans, employé de banque. Il est ensuite comptable pendant dix ans au service d'une première firme jusqu'à sa liquidation, puis d'une autre firme, jusqu'à 50 ans. Il s'installe alors comme agent immobilier, reprenant trop cher un portefeuille de gérance d'immeubles de faible rentabilité. Il tient aussi certaines comptabilités et fait des expertises immobilières. Il atteint à un certain statut social que traduisent les études supérieures de ses filles. Les affaires tournent mal, mais, par crainte de déchoir, il continue ses activités qu'il sait vouées à la perte, ce qu'il ne livre à personne, pas même à son épouse. Il s'installe ainsi dans une « double vie », « empruntant » très naturellement les loyers qu'il encaisse pour compte d'autrui, et compensant sa souffrance morale par toutes sortes de mécanismes d'autopunition, de sublimation, etc., qui s'exprimeront par différentes justifications lorsqu'il sera poursuivi du chef de banqueroute et de détournement de loyers.

50   A première vue, l'ascension sociale devrait pouvoir se mesurer par la différence entre les niveaux d'étude atteints respectivement par le banqueroutier et par son père. Mais la représentation que l'on se fait de la réussite et des voies d'accès à la réussite n'implique pas nécessairement le choix d'études relevant de l'enseignement supérieur ni même de l'enseignement moyen (Wright Mills, 176). Dans notre recherche, les études apparaissent même, dans les faits sinon dans les aspirations, comme un moyen de réussite assez négligeable.

La réussite, c'est autre chose : c'est la conquête de symboles dont on a été privé dans son enfance. Et plutôt que de s'échiner à conquérir un diplôme ouvrant la voie à une profession qui ne garantit pas encore la fortune et dont l'exercice suppose l'apprentissage d'un certain nombre de valeurs étrangères au milieu d'origine, le fils d'ouvrier préférera se lancer dans des affaires où sa tâche demeurera, mais à un niveau de chef, de « patron », somme toute une tâche d'ouvrier. C'est dans les mêmes travaux qu'il atteindra son « niveau d'incompétence » (Peter et Hull, 120).

Cas judiciaire 4. — Louis N. est friturier, comme son père. Il a fait ses humanités et en est fier, s'en vantant fréquemment. Comme « il y a de l'argent en caisse », il ne tient aucun compte, puis, sentant un léger fléchissement de ses affaires, il entreprend des transformations onéreuses pour relancer son entreprise. Il voit grand, engage un personnel nombreux, ce qui lui fera dire que « sa friture n'est plus une simple friture mais une petite usine ». La police décrit le couple comme des « parvenus méprisants », condescendants envers leurs clients. Après sa déclaration de faillite, le tribunal correctionnel retient ses dépenses excessives comme l'un des motifs de le déclarer banqueroutier simple.

Cas judiciaire 5. — A 34 ans, Henri N., électricien, marié, deux enfants, reprend l'entreprise qu'il exploitait avec son père en association de fait. L'entreprise familiale était un petit commerce de caractère modeste. Il entreprend de changer cela en « voyant grand ». Il engage un ouvrier, puis trois, puis cinq, ouvre deux

magasins, fait l'acquisition de trois camionnettes, tout en recon-
naissant par la suite qu'il « était surtout un technicien, le côté
administratif et comptable lui échappant faute d'instruction suffisante ». Il veut cependant s'occuper de tout, mais ne surveille pas
ses ouvriers et, lorsqu'il les accompagne, il se montre « grand
seigneur », perdant de nombreuses heures en discutant et en bu-
vant. Peu avant sa déclaration de faillite, il a, de notoriété publique, une « aventure » avec une dame qui reprendra d'ailleurs l'un
de ses magasins.

Cas judiciaire 6. — D'abord représentant de commerce, Robert N. devient, à 24 ans, conducteur de travaux au service de la
S.P.R.L. d'entreprise de terrassements dont sa belle-mère est gérante. Deux ans plus tard, en avril 1961, il achète à tempérament
une pelle mécanique avec tout son équipement et la donne en
location à la S.P.R.L. Comme il ne possède pas de fonds suffisants
pour payer les mensualités de l'achat, c'est la S.P.R.L. qui les
paye, à titres d'avances sur la location. La S.P.R.L. tombant en
faillite en novembre 1961, N. s'installe à son compte comme entrepreneur de terrassements. Il fait l'acquisition, toujours à tempérament, d'un matériel important, notamment un bulldozer bientôt
détruit dans un accident, une pelle hydraulique rapidement inutili-
sée en raison de son mauvais fonctionnement, et quatre camions
sans rendement réel. Il engage un personnel trop nombreux. Se
considérant comme le « grand patron », beau parleur, toujours
habillé avec recherche, N. ne met jamais la « main à la pâte » et ne
surveille pas d'assez près le travail des ouvriers sur le chantier. Ne
manquant pas de travail, il lui arrive, suivant son bon plaisir,
d'abandonner un chantier en pleine activité pour entreprendre un
travail sur un autre, suscitant contestations et perte de clients.
Déclaré en faillite en 1964, il est condamné du chef de banqueroute
simple résultant de dépenses excessives — trois changements de
voiture en un an — et d'absence d'inventaires.

*
* *

2. Le profil psychologique

51   Comme l'écrit J. Pinatel (123), « l'approche psychologique qui a pour but de dégager les traits généraux qui distinguent les criminels des non-criminels est extrêmement difficile. C'est qu'en effet aucun trait psychologique en soi n'est *a priori* favorable ou défavorable du point de vue criminologique. Par ailleurs, chaque trait pouvant être élevé, moyen ou faible, il apparaît que ce n'est pas la qualification élevée ou faible qui est favorable, mais plutôt, la juste mesure entre ces qualifications extrêmes, c'est-à-dire la qualification moyenne. Enfin, dans la perspective gestaltiste [12], tous les traits doivent être considérés par rapport à la personnalité totale, ce qui importe étant moins leur signification propre que leur interaction dans l'agencement général dont ils font partie » (Pinatel, 123). Telle est la position du clinicien, entreprenant l'étude de cas individuels, ce que nous avons exclu de la présente recherche (*supra*, n ° 17).

Notre matériel est constitué par des dossiers de personnes définitivement condamnées voire incarcérées du chef de banqueroute (*supra,* n° 17). Une population [13] de banqueroutiers ne représente en rien un échantillon fidèle de personnes susceptibles d'être condamnées du chef de banqueroute suivant les critères légaux (*supra,* n° 42). Il s'agit d'une population sélectionnée, et les caractéristiques qui peuvent être mises en évidence ne sont vraiment révélatrices que des traits d'une politique judiciaire.

Ce qui est vrai pour l'image judiciaire du banqueroutier d'un point de vue sociologique l'est assurément davantage d'un point de vue psychologique. Des caractéristiques comme le sexe ou l'âge sont suffisamment objectives pour permettre une préhension directe et refléter fidèlement la population de personnes déclarées banqueroutières. En revanche, des caractéristiques subjectives, comme des traits de caractère, sont trop influencées par le contexte judiciaire pour être reprises sans scepticisme dans une recherche scientifique.

Un dossier pénal est essentiellement un dossier de culpabilité, rassemblant les éléments de preuve, et organisé en fonction de traits négatifs, susceptibles d'éclairer un fait antisocial. Un sociologue français, découvrant les dossiers de délinquance juvénile, s'étonnait qu'ils reconstruisent comme un destin l'histoire du délinquant (Chamborédon, 23), Les traits psychologiques cultivés par le contexte socioculturel (*supra*, n° 42), se parent des couleurs de la réussite ou de l'échec. A posteriori, l'ambition du banqueroutier apparaît comme un défaut pendable. Et les techniques de diagnostic psychologique ne donneront pas, en l'occurrence, des résultats plus sûrs que les renseignements donnés par la police. Le clinicien sera tenté, en effet, de transposer des techniques valables dans un cadre qui en biaise les résultats : qu'on songe à l'application d'un test de frustration — le Rosenzweig par exemple — à une personne qui vient d'être incarcérée. Ses réactions auraient-elles été comparables en milieu libre? Pascal écrivait : « Ils sont bas, fourbes, traîtres, sans mœurs : eh bien, ils ont tous les vices des esclaves, et c'est la servitude qui les leur a donnés. Rendez-les libres, et plus près que vous de la nature, ils vaudront beaucoup mieux que vous » (117). Le dossier pénitentiaire, constitué à l'occasion d'une détention, ne corrigera que très partiellement ces préjugés : axé sur la réadaptation, il présuppose aussi une faute, éventuellement déniée.

Au niveau psychologique, plus encore qu'au niveau sociologique, l'étude du « banqueroutier moyen » ne reflétera que la perception judiciaire d'une personne dont on accentue les différences par rapport aux gens « normaux », c'est-à-dire à ceux qui n'ont pas pénétré dans le circuit répressif.

C'est à ce titre que nous ramasserons, dans les pages

qui suivent, les traits psychologiques mis en évidence dans l'image judiciaire du banqueroutier.

52 L'image judiciaire n'est pas l'image juridique du banqueroutier que proposent erronément certains auteurs pourtants éminents. Ainsi, Mezger (111), se référant d'ailleurs à Sauer et à Exner, classe la banqueroute, avec l'escroquerie, la tromperie et les falsifications, parmi les « délits d'intelligence » *(Intelligenzverbrechen »)* [14], alors qu'un haut niveau d'intelligence n'est nullement caractéristique des banqueroutiers, devenus tels le plus souvent par incompétence (Skrotzki, 146, Ullrich, 167, Spencer, 149, Zirpins et Terstegen, 180). Moins admissibles encore sont les typologies construites à partir de la distinction juridique entre banqueroutes frauduleuses et banqueroutes simples (Skrotzki, 146, Ullrich, 167), dont nous avons indiqué la fragilité (*supra,* n° 34 et sv.).

Les traits psychologiques qui émergent des 164 dossiers de banqueroute envisagés (*supra,* n° 17) peuvent être étudiés en deux phases, consacrées respectivement aux traits psychologiques sous-jacents à un comportement de risque et à un comportement de fuite. Si ces traits étaient réunis dans le chef d'un même délinquant, s'enthousiasmant lorsque les affaires vont bien et s'affolant lorsqu'elles tournent mal, ils signeraient l'instabilité émotionnelle, la « labilité » en laquelle J. Pinatel voit l'un des éléments du « noyau central » de la personnalité criminelle (123).

1. *Traits de personnalité liés à la prise de risques*

53 Péguy a écrit qu'un temps venait « où celui qui ne jouerait pas perdrait tout le temps, et encore plus sûrement que celui qui joue » (cité par Wright Mills, 176). Prendre certains risques est une nécessité en affaires. Le dynamisme est une condition d'existence d'une économie de marché, et

il est normal que les risques inhérents à un système économique soient, dans une certaine mesure, supportés par la
communauté. Il n'y aurait pas d'hommes d'affaires s'il n'y
avait pas d'hommes capables de supporter l'angoisse des
échéances de traites, billets à ordre, etc. et de ne pas en tirer
prétexte pour abdiquer mais au contraire pour oser davantage, au profit de l'économie [15]. Il n'est dès lors pas surprenant que Bauer (5) classe les banqueroutiers parmi les hy-
perthymiques, sanguins, actifs, optimistes, qui considèrent
la peine comme une malchance, dont ils se relèvent complètement. Dans la mesure où ce portrait est fidèle, il ne fait que
reproduire celui qu'au XVIIe siècle, La Bruyère (96) dres-
sait déjà du manieur d'argent, de l'homme d'affaires,
comme celui d'« un ours qu'on ne saurait apprivoiser; on ne
le voit dans sa loge qu'avec peine : que dis-je? on ne le voit
point, car d'abord on ne le voit pas encore, et bientôt on ne
le voit plus... »

Mais il ne faut pas échouer : a posteriori, le risque
apparaît pathologique, c'est-à-dire incontrôlé, qu'il ait été
en soi passionnel — un jeu, une drogue parmi d'autres — ou
mis au service d'une passion — la mégalomanie —, ou qu'il
ait adopté des voies déviantes, la passion entraînant d'ailleurs la déviance.

a) Le risque passionnel

54   Dans son groupe constitué de petits « criminels en col
blanc » et pas seulement de banqueroutiers, J. Spencer
(149) relevait chez un tiers d'entre eux l'instinct de jeu, le
goût du risque. Si l'on sait peu de chose de l'envahissement
du jeu dans les loisirs des banqueroutiers, en revanche le jeu
est largement présent dans l'activité professionnelle elle-
même, où il est plus ou moins contrôlé au départ et disci-
pliné dans son exécution.

Cas pénitentiaire 2. — Joannes N. est l'aîné des trois enfants d'un maçon. Il fréquente le degré inférieur de l'enseignement moyen et est employé dans une caisse hypothécaire pendant quatorze ans environ. Il se marie à 27 ans, quitte son emploi deux ans plus tard pour devenir peu avant la guerre, employé au secrétariat du V.N.V., formation d'extrême droite favorable au régime nazi dont l'emprise commence à se faire sentir. Poursuivi pour collaboration politique avec l'ennemi, il est condamné en 1945 à vingt ans de détention et reste détenu jusqu'à sa libération conditionnelle en 1951. Il est alors employé successivement dans deux entreprises de nettoyage de bâtiments, puis décide de fonder une S.P.R.L. de vente d'appareils électroménagers liée aux résultats hebdomadaires des pronostics de football : au moyen d'une réclame à la « Barnum », il inonde le pays de cartes qui permettent de gagner éventuellement certains appareils électroménagers et conservent en tout cas leur valeur nominale, différée de deux ans, pour l'achat de tels appareils. C'est le type de l'entreprise qui doit nécessairement tomber en faillite, mais au bout d'un certain temps seulement. Ce qui se produit. Dans son autobiographie il explique que, tenant compte de son âge et de sa condamnation, seules les firmes peu importantes voulaient bien l'employer, qu'il a dès lors « tenté sa chance » dans cette aventure. Il apparaît dans les dossiers comme le prototype du « comitard » recherchant des fonctions d'éminence grise, d'économe, de secrétaire. Sans problèmes psychologiques, il se caractérise dans sa carrière par son « hyperadaptabilité » dans l'immédiat et son optimisme non tempéré par une éthique rigide. Décrit comme « bon joueur », « il a cru gagner en 1943. Il a cru gagner cette fois aussi ». Conservant de très bonnes relations avec sa famille, il est, à sa sortie de prison, engagé en qualité de secrétaire général d'une fabrique.

Cas pénitentiaire 3. — Assistant d'un agent de change de 1923 à 1939, Alfred N. avait vu son patron jouer régulièrement à terme avec les titres de ses clients et « ne s'était jamais rendu compte tout à fait que c'était irrégulier ». Quand il devint lui-même agent de change, il imita son ancien patron et se lança dans des spéculations à terme considérables. En présence d'une chute continue des cours, il dut s'adresser à divers organismes pour effectuer des opérations de report, pour lesquelles il mit en garantie d'autres titres de clients, de plus en plus nombreux, les cours continuant à descendre. N. prétend en outre avoir été victime d'un important détournement de la part d'un de ses employés contre lequel il ne déposa pas plainte. Il est décrit comme un homme très bien doué, au caractère syntone, extraverti, sociable, optimiste, dont l'équilibre psychique paraît normal, mais que l'imprudence et l'optimisme excessif ont perdu, sans qu'il semble avoir eu de réelles intentions de nuire.

Cas judiciaire 7. — Oswald N. a fait ses humanités « modernes ». A 21 ans, il ouvre un atelier de réparation d'appareils électriques. Courageux, travailleur et vendeur excellent, il ouvre, cinq ans plus tard, un superbe magasin, avec personnel de vente intérieur et extérieur, atelier de dépannage, etc. et atteint rapidement un chiffre d'affaires important constitué essentiellement de ventes à tempérament. Poussé par ses fournisseurs à donner un volume excessif à ses affaires, on constate à un certain moment, suivant l'expression du curateur, qu'« une véritable frénésie de vendre s'est emparée de lui » : il cherche alors à vendre pour vendre, recourant à cette fin à toutes sortes de moyens, d'abord licites, se portant caution ou aval de ses clients, puis illicites, ajoutant à son propre nom comme aval, celui d'un prête-nom dissimulant le véritable acheteur, insolvable, à qui le financement avait été refusé. A la suite des pertes subies à la faillite d'un fournisseur, le procédé commercial vicieux à la base provoque l'augmentation en « boule de neige » de ses pertes, et la faillite n'est retardée que par l'effet d'un « traité particulier » de cession de ses créances à un fournisseur qui entendait maintenir en activité ce point de vente important.

b) Le risque « mégalomaniaque »

55   A la fin du siècle dernier, Proal (128), établissant le lien qui unit le crime et les passions, citait la banqueroute au chapitre de la cupidité. « On sait, écrivait-il, que le nombre des escroqueries, des abus de confiance, des banqueroutes, des fraudes commerciales, a considérablement augmenté; faut-il en chercher l'explication dans l'atavisme de

M. Lombroso, dans la folie morale de M. le Dr Despine? Croit-on que l'accroissement notable de ce genre de délits ait pour cause une conformation défectueuse du cerveau des prévenus? Ou bien encore, faut-il en rejeter la responsabilité sur la société? Ne faut-il pas tout simplement l'attribuer au désir de faire rapidement fortune et de se procurer toutes les jouissances possibles, qui paraît être la passion dominante de notre époque? Le travail et l'économie exigent des efforts longs et pénibles; les tromperies sur la qualité des marchandises vendues, les falsifications de denrées, les banqueroutes frauduleuses, les escroqueries, savamment déguisées sous la constitution de sociétés financières, mènent plus rapidement à la fortune et au plaisir et plus rapidement aussi à la police correctionnelle et à la cour d'assises. « Qui veut être riche au bout de l'année est pendu à la Saint-Jean », dit un proverbe espagnol... » [16].

Ce goût de la réussite financière rapide est encouragé par un contexte culturel favorable même, dans certaines régions de Flandre, à une politique commerciale de risque excessif. La prise de risques est facilitée par les possibilités offertes par le crédit, en particulier les ventes à tempérament de matériel d'exploitation qui entrouvrent à des personnes démunies les portes de la fortune. Côte à côte, dans un même quotidien d'information, on lisait deux annonces : d'une part la publication d'un jugement de condamnation du chef de banqueroute d'un cheminot devenu petit entrepreneur de transports (il avait réalisé un investissement trop important dans trois camions dont le rendement insuffisant n'avait pas permis de couvrir les mensualités de l'achat à tempérament) - et, d'autre part, une annonce de grand format par laquelle un groupe bancaire important donne le conseil : « Achetez aujourd'hui (notamment un camion)... vous payerez demain »...

Cette ambiance culturelle favorise l'adoption en affaires d'un style désinvolte, dédaigneux de la comptabilité —

« les affaires allaient bien, puisque j'encaissais parfois de fortes sommes ». Tel entreprendra une reprise dans des conditions défectueuses de l'affaire d'un tiers, du mari ou du père. Tel autre s'installera à son propre compte après avoir travaillé en dépendance — ouvrier ou employé —, en association, ou indépendant mais cantonné dans des tâches artistiques ou techniques qui lui convenaient.

Cas judiciaire 8. — Jean N., architecte d'intérieur, s'installe, à 23 ans, comme ensemblier-décorateur. Il ne possède aucun capital de départ. Très doué pour les tâches propres d'architecte d'intérieur, il estime, six ans plus tard, devoir assumer les charges et les risques de la profession d'entrepreneur spécialisé dans la transformation et l'aménagement de cafés et restaurants. Dépourvu de fonds de roulement suffisant, non moins que des capacités requises, il cherche à traiter le plus d'affaires possible, même dans des endroits éloignés, perdant un temps considérable en déplacements et déclarant habituellement dans ses devis qu'il prenait à sa charge les imprévus. Lorsque les difficultés ont commencé, certaines factures de clients demeurant en retard de paiement, ses fournisseurs profitèrent de la situation pour formuler des exigences de prix auxquelles il était tenu de souscrire à peine de se voir assigné et exécuté. Ce n'est que de cette façon qu'il parvint, suivant son expression, à se « maintenir à flot » durant un peu plus d'un an.

Ce souci de réussite, mal contenu mais légitime dans son principe, est présenté comme attisé par l'orgueil, la vanité, ou plus encore, la mégalomanie. L'orgueil est le désir de paraître tout ce que l'on est, sans réticence. La vanité, celui de paraître plus qu'on n'est. La mégalomanie, le délire de grandeur (Bobon, 13).

L'orgueil est plus secret que la vanité. Tel, celui de ce petit banqueroutier, marchand ambulant de beurre, œufs et fromages, tombé en faillite surtout par mauvaise organisation et qui, suivant le rapport de gendarmerie, avait « un peu de grandeur : je suis Joseph N., de X., cette idée il l'avait pour lui, et l'année dernière il fut encore élu Prince-carnaval au Cercle Saint-Jean-Baptiste, de X., et pour ce faire il emprunta quelques fonds, 2 à 3 000 francs, à l'une de ses connaissances ». Tel autre, au contraire, se rend coupable d'une faillite aux proportions gigantesques, due au fond à son désir de refaire le blason de son père failli [17].

La vanité, elle, s'étale au grand jour, et les dossiers où elle est affirmée sont nombreux : ce sont les affaires à propos desquelles on lit qu'« il a vu trop grand avec des moyens trop petits », que, orgueilleux et dominateur, « du jour où il a vu grand, il s'est rapidement enfoncé », ou encore qu'il a vu trop grand, se comportant « en grand seigneur » ou en « grand patron », etc. La vanité est soucieuse de l'apparence, ainsi qu'en témoigne l'exposé suivant.

Cas pénitentiaire 4. — En dix-huit années de mariage, l'épouse d'Edward N. n'a eu que misères. A présent elle a enfin la paix : son mari, doté déjà d'un imposant casier judiciaire de délits de fraude, est en prison à la suite d'une condamnation du chef de banqueroute et escroqueries aux « machines à tricoter » [18]. Elle ne souhaite pas la réconciliation : N., obèse et nerveux, est décrit comme égoïste, n'admettant pas la répartie, ne supportant pas que sa femme se mêle de ses affaires, distribuant des coups dans le cas contraire. Soucieux de l'apparence : bien habillé, possédant une salle de séjour bien installée, il s'est cependant réservé le droit d'acheter les vêtements pour sa femme et ses quatre enfants et les chambres à coucher et la cuisine sont misérables. Après sa condamnation, il a fui en Allemagne, puis s'est caché chez lui et, après une scène de coups, c'est l'épouse elle-même qui l'a dénoncé à la gendarmerie.

La mégalomanie proprement dite est une forme de délire (Bobon, 13), qui pourrait justifier l'application de la loi de défense sociale réservée aux malades mentaux délinquants. Aucun des 164 cas étudiés n'a relevé de ces dispositions [19]. En revanche, on trouve, au fil des dossiers, plusieurs fois l'expression « mégalomanie » employée dans un sens plus large.

Cas judiciaire 9. — Gustave N. commence, sans la terminer, une licence en sciences commerciales à l'Université. A 37 ans, il crée une entreprise de laminoirs, dont le chiffre d'affaires s'accroît d'année en année, sans que les gains de l'entreprise ne progressent proportionnellement. Au contraire, N., agissant à sa fantaisie, ne dispose que d'un capital personnel relativement modeste et travaillant principalement avec l'argent de ses clients, se refuse à déterminer avec exactitude les éléments du prix de revient de ses produits. Le curateur attribue la faillite de l'entreprise à la « mégalomanie » de N., qui l'a poussé à des achats et investissements exagérés, ce qui a permis à une firme plus importante de s'assurer la mainmise progressive sur l'entreprise. Le tribunal correctionnel n'écarte en l'occurrence la prévention de banqueroute frauduleuse qu'au bénéfice du doute, retenant en revanche la banqueroute simple en constatant l'insuffisance de sa comptabilité et l'excès de ses dépenses personnelles et prétendus frais de représentation.

Cas pénitentiaire 5. — Issu d'une famille qui « dirige la commune de X. depuis plus de 25 ans par bourgmestres et échevins », Jean N. est architecte et ingénieur-technicien. A quarante ans, il est condamné à dix ans de travaux forcés par la Cour militaire pour avoir en temps de guerre dénoncé six personnes à l'ennemi. Le personnel de la prison le décrit alors comme « un homme qui a beaucoup d'amour-propre », qui a « de grands défauts et de grandes qualités : hâbleur, rusé, orgueilleux, il est, en revanche, généreux, dévoué, tenace, travailleur ». C'est « le type de l'entrepreneur qui voit grand, parle bien, sait se faire valoir, s'impose et a d'excellentes idées. Dans l'ensemble, cet homme a une forte personnalité ». A sa libération, en 1951, il trouve un travail comme conducteur-directeur technique dans une entreprise de construction. Impliqué dans une faillite retentissante lors de l'exposition de Bruxelles de 1958 et condamné du chef de banqueroute simple, il veut reconstruire sa situation en un temps minimum en courant quelques « risques ». Promoteur et gérant effectif de deux S.P.R.L. d'entreprises générales où sa concubine apparaît comme prête-nom, il est de nouveau déclaré en faillite en 1961 et condamné du chef de faux et de banqueroute frauduleuse. Il apparaît en prison « dynamique et fier », et ses projets d'avenir « assez grandioses », qui ont « pour le moins une teinte mégalomaniaque », justifient une tutelle sévère à sa libération pour l'empêcher de se lancer à nouveau dans des opérations « délicates ».

En dehors des 164 dossiers envisagés, les journaux se sont fait l'écho de deux krachs retentissants, dont les auteurs présentent des traits « mégalomaniaques » plus tranchés.

Affaire Emile P. — « Emile P. succéda fin 1959 à son père, qui possédait une modeste mais lucrative affaire de déchets de laine, à W. Le fils vit, dès le début, plus grand que son père et il était à peine depuis un mois devenu le patron, que la Banque X. lui accordait un premier crédit de 2 375 000 francs. Très vite, il enregistra une escalade vertigineuse du chiffre d'affaires. P., connu sous l'appellation de « Milo », fit surtout des affaires avec des Allemands. Il trouva plus lucratives des ventes et des facturations fictives d'exportations dites « de crochet ». Un de ses procédés favoris était de transporter des déchets de laine vers l'Allemagne, d'encaisser des crédits d'exportation et de rentrer, souvent le même jour, les marchandises en Belgique et de les y vendre, percevant cette fois des avances bancaires sur les traites pour jeter de la « poudre aux yeux » et pouvoir dépasser certaines limites fixées. On falsifiait, on facturait et on « refacturait ». Il achetait surtout à des prix élevés et vendait avec des pertes énormes et incroyables (parfois 80 % et plus). Le but de « Milo » P. n'était pas tellement d'amasser de l'argent mais de devenir « le roi belge de la laine ». Cette mégalomanie produisit en 1963 une débâcle monstre et un déficit qui se chiffra aux environs de cent millions ». Au moment de sa faillite, il prit la fuite à Cannes, accompagné de son amie, et fut extradé une première fois. Le jour même où il est convoqué au tribunal correctionnel, il disparaît en Uruguay, d'où il est extradé une deuxième fois [20].

Affaire Alexandre M. — Président-directeur général d'une société française de promotion immobilière qu'il a créée en 1947, Alexandre M. transforme l'entreprise en 1964 en société anonyme. Portant son capital de 10 000 F.F. à deux millions de F.F., installant ses bureaux boulevard Haussmann et augmentant notablement le nombre de ses employés, il contracte des emprunts de plus en plus importants, puis disparaît en déléguant ses pouvoirs à trois de ses chefs de service, qui constatent l'existence d'un passif de 17 millions de F.F. pour un actif d'environ 200 000 F.F. Le premier stade de l'enquête laisse l'image d'un mégalomane plus que d'un escroc [21].

c) Le risque « déviant »

56   Encore qu'il soit difficile d'établir entre ces derniers cas et les précédents une ligne de démarcation bien tranchée, ce n'est plus la passion qui est ici mise en cause, mais au contraire, le froid calcul, dont cependant l'irréalisme surprend. Les exposés qui suivent traduisent une obstination étrange dans des voies « déviantes » qui devaient nécessairement conduire à un échec, témoignant d'une sorte d'obnubilation non seulement de la conscience mais du jugement. C'est ce genre de banqueroutes que Bonger (14) citait particulièrement comme de « grands crimes » qui sont la « conséquence exclusive du milieu économique ». Leurs auteurs sont moins des banqueroutiers que des escrocs dont la carrière criminelle commence ou s'achève par une banqueroute (*infra*, n° 64).

Cas pénitentiaire 6. — Fils d'imprimeur, Hervé N. reçoit une éducation soignée, très religieuse. A 25 ans, il devient le collaborateur de Z., dans une société coopérative s'offrant comme intermédiaire pour la conclusion de prêts hypothécaires. Par une série de procédés financiers fallacieux, notamment la création de sociétés fictives, l'entreprise encaisse des capitaux fort importants, suscitant cependant à la longue la ruine d'innombrables petits épargnants qui se voyaient contraints de subir la saisie de leur petite propriété donnée en gage hypothécaire. Il échappe entièrement à une première série de poursuites qui entraînèrent une condamnation de Z. à trois ans de prison. Après l'épuisement de plusieurs degrés de procédure, il esquive, au bénéfice du doute, une deuxième condamnation cependant que Z. est condamné à un total de

huit années de prison. Pendant les incarcérations ou les fuites de Z.
à l'étranger, N. demeure un fidèle lieutenant. Au terme d'une
troisième série de poursuites correctionnelles il est cependant
condamné à une peine de trois ans d'emprisonnement du chef
d'escroqueries, faux, usage de faux, abus de confiance et banqueroute frauduleuse, tandis que pour sa part Z. fera l'objet d'une
condamnation à un total de neuf ans d'emprisonnement.

Cas pénitentiaire 7. — Condamné, à 23 ans à peine, à deux
ans de prison avec sursis du chef de faux, banqueroute frauduleuse, banqueroute simple, détournement et émission de chèques
sans provision, Jacques N. est décrit par le Ministère public
comme « un esprit inventif, fils de famille, raté, beau parleur et
surtout décidé à vivre d'autrui ». Sitôt condamné, il se lance dans
de grandioses escroqueries, pour lesquelles il plaidera que ce
n'était de sa part que du bluff commercial et que ses victimes ont
eu le tort de le croire sur parole. De nouveau condamné, il se
défend d'être une canaille, et estime avoir été trop puni. A l'entendre, il y a eu une grande part de malchance en affaires et une très
petite part de délinquance vraie. Le médecin anthropologue relève
en lui, à ce moment, un élément essentiel de jeu, « le choix d'une
vie *non engagée* et fixée à l'instant ». Menant grand train, impré-
voyant et inorganisé, il réussit par l'audace et l'assurance mais
n'aboutit que misérablement. Le pronostic est présenté alors
comme inquiétant, mais, dix ans plus tard, le dossier pénitentiaire
ne porte pas de trace d'une nouvelle détention.

Cas pénitentiaire 8. — Natif de Hollande et fils de batelier,
Albert N. est docteur en droit et, au départ, inscrit au barreau. A
32 ans, il constitue, avec quelques ouvriers, une société de fait
d'exploitation de « pédalos », où il apparaît comme le commandi-
taire. Condamné du chef de banqueroute simple, ce qui implique
pour lui l'interdiction d'être administrateur de société, il crée, à
36 ans, une société anonyme dont l'objet est l'achat et la vente
d'immeubles, la construction d'immeubles à appartements multiples, etc. Vendant des appartements sur plans, N. imagine la
construction d'un building à l'emplacement de deux maisons.
Comme les négociations d'achat n'aboutissent pas, il signe un
compromis de vente au nom des propriétaires et vend ainsi une

série d'appartements sur plans sur lesquels il perçoit des acomptes. Il escroque de la même façon le notaire à qui il fait miroiter l'espoir de la rédaction des actes de vente et un peintre à qui il promet de confier les peintures de l'immeuble fictif. Trouvant par ailleurs la carte d'identité d'une connaissance, il la conserve, y appose sa propre photo et en fait usage. Il détourne enfin les loyers perçus pour compte de la société anonyme et contracte sous un faux nom un contrat de location. Il est condamné, du chef de faux, escroqueries, émission de chèques sans provision, banqueroute frauduleuse, banqueroute simple et abus de confiance, à un total de près de 5 ans d'emprisonnement, par trois arrêts successifs, s'étalant sur quatre ans.

2. Traits de personnalité liés à la fuite

57 Le second « versant » psychologique de l'image judiciaire du « banqueroutier moyen » est un syndrome de fuite, qui se manifeste à l'occasion de la banqueroute seulement, ou dans le passé délictueux du banqueroutier, ou encore dans le contexte psychopathologique de sa « carrière ».

a) La réaction de fuite

58 A travers toute l'histoire du droit de la banqueroute, la fuite, la dérobade apparaît comme un élément essentiel de l'infraction. La banqueroute est conçue traditionnellement comme le fait pour le failli, suivant l'expression de l'édit de Charles Quint de 1540, de « s'absenter du lieu de sa résidence sans satisfaire ses créanciers » — ce qui correspond, dans la tradition du droit romain, à soustraire le premier gage des créanciers, qui est la personne même du débiteur — et de « transporter clandestinement ou cacher ses biens afin de les tromper » : c'est dans ces conditions qu'il pouvait être « tenu et considéré comme voleur de grands chemins, comme brigand et ennemi du bien public » (Renouard, 134, Constant, 34).

Face à un échec consommé, le failli adoptera encore facilement la solution de la fuite. Dans un premier temps, le failli luttera pour maintenir son rôle, au-delà d'un échec qui n'apparaît pas encore au grand jour. La loi lui demande de regarder son échec en face, et de déclarer forfait dans un délai très bref[22]. Le banqueroutier, lui, continue à lutter, s'engage alors dans un tourbillon dont il ne sort qu'immobile et découragé à l'extrême, ou fuyant, affalé ou, plus simplement, désireux de profiter de l'argent qu'il a mis à l'abri des poursuites.

Cas judiciaire 10. — Après avoir travaillé avec son père, entrepreneur de maçonnerie et de menuiserie, Raymond N. lui rachète, à 34 ans, son entreprise, par toute une série d'actes notariés qui lui imposent des charges de départ très lourdes. Il n'a pas de fonds de roulement. Travaillant jour et nuit, ne recevant de son père rien de l'aide qu'il lui avait promise, il tombe malade : « Alors ce fut fini, c'était impossible de continuer mon affaire... ». C'est surtout un énorme arriéré de dettes de sécurité sociale qui l'écrase : « C'est le jour où j'ai réalisé cela que j'ai abandonné, j'étais près du suicide ; j'ai alors cessé mes paiements. Je suis allé à l'O.N.S.S. Office National de Sécurité Sociale. On m'a jeté à la porte. On m'a dit : « On vous fera sauter... ». Tempérament nerveux et colérique, il est à bout. Lors d'une visite du juge-commissaire et du curateur, il veut détruire ses décorations d'ancien combattant à la hache. Il brûle de vieux journaux, disant qu'il veut « foutre le feu à la baraque ». Comme l'explique plus tard le juge-commissaire, en présence de son père, avec qui il était en vif dissentiment, le feu était une manifestation théâtrale et spectaculaire : « Il a dit alors qu'il voulait se détruire ». Acquitté du chef d'outrage au juge-commissaire et du chef de banqueroute frauduleuse, il fait l'objet d'une condamnation du chef de banqueroute simple.

Cas judiciaire 11. — Maurice N., marié mais vivant séparé de sa femme et de leur enfant commun, s'est établi à 21 ans comme boulanger-pâtissier. Deux ans plus tard, il est déclaré en faillite. Conseillé alors par une agence d'affaires, il crée une entreprise de commerce de denrées panifiables et de machines de boulangerie-pâtisserie sous la forme d'une S.P.R.L. dont le seul objet est de reprendre l'activité de l'entreprise faillie, qui ne pouvait être reprise telle quelle « du fait qu'il n'avait pas de femme pour mettre dans ce commerce » ! Les parts de la S.P.R.L., d'abord réparties en : 45 parts détenues par l'épouse d'un des agents d'affaires consultés, 45 autres par une infirmière à qui il avait promis le mariage, et 10 par sa mère, passent à concurence de 90 % en mains de la « fiancée ». Les ventes de matériel de boulangerie se réduisent à un congélateur, et trois tonnes de bonbons restent en dépôt, mais non payés, et déjà avariés. L'entreprise déclarée en faillite, N. s'enfuit à Paris. De là il se fait conduire en taxi, en joyeuse compagnie, en Autriche, où il s'installe dans un hôtel luxueux. Disséminant sur son passage des chèques signés au nom de la S.P.R.L. (dont il n'avait d'ailleurs pas la signature), il est arrêté en Autriche, puis condamné à un an de réclusion, absorbé par la durée de sa détention préventive, et extradé en Belgique où il n'est condamné qu'à une peine minime du chef de banqueroute simple.

b) Le délit de fuite

59   Si l'on ne s'en tient pas à la seule condamnation du chef de banqueroute, mais que l'on scrute le passé délictueux du banqueroutier, on y constate avec quelque surprise une proportion anormale de condamnations du chef de délits de fuite en matière de circulation routière.

C'est ainsi que, si nous répartissons les deux groupes de banqueroutiers étudiés en douze catégories provisoires résultant de la combinaison de trois groupes d'âge — moins de 30 ans, 30 à 50, 50 ans et plus au moment de la condamnation — et de quatre types de casier judiciaire — occasionnel, récidiviste, récidiviste spécialiste, récidiviste de fraudes uniquement [23] —, nous décelons des délits de fuite dans les cas suivants :

| | *Dossiers pénitentiaires* | | |
	moins de 30 ans	30 à 50 ans	50 ans et plus
occasionnels	—	2	1
récidivistes	—	4	1
récid. spéc.	—	—	—
récid. fraudes	—	4	—

12 cas sur 100 se révèlent positifs. Encore deux de ces cas (un occasionnel et un récidiviste de fraudes, de 30 à 50 ans) ont-ils à leur passif plus d'un délit de fuite.

| | *Dossiers judiciaires* | | |
	moins de 30 ans	30 à 50 ans	50 ans et plus
occasionnels	2	—	—
récidivistes	1	2	—
récid. spéc.	—	1	—
récid. fraudes	—	1	—

7 cas sur 64, soit également plus de 10 %, comptent des délits de fuite. Sans doute, les cas de délit de fuite deviennent nombreux [24], si bien que le « risque » statistique d'avoir à son casier judiciaire la mention d'une condamnation du chef de délit de fuite est sans doute comparable aux proportions que nous venons de dire. Mais l'observation reste intéressante au niveau individuel.

Les variétés d'auteurs de délits de fuite sont nombreuses. Pour certains, le délit de fuite résulterait de l'effet « insularisant » de l'automobile, dont on a pu décrire l'habitacle comme un « véritable 'utérus' propice à une régression profonde, dans une durée et un espace modifiés par la vitesse » (Vauterin, 169). Il s'ensuivrait chez certains sujets, cependant normaux, une concentration de la pensée sur les soucis, préoccupations et autres centres d'intérêt, aboutissant à une inattention sélective, en fait à la perte du sens du

réel ou à un refus de ce réel engendrant des réactions égo-
centriques favorables à la commission de délits d'imprudence et les amenant parfois à prendre la fuite pour échapper
à leur responsabilité pénale ou civile, mais peut-être plus
encore à eux-mêmes (Peloquin, 119).

L'ennui résultant de l'accident occasionné s'ajoute
alors à leurs problèmes, le seuil d'accablement supportable
est dépassé. Obnubilés momentanément, ils obéissent à une
impulsion, quitte à manifester plus tard un repentir actif en
se dénonçant à la gendarmerie. Un délit de fuite s'insère
ainsi dans la logique de l'état de cessation des paiements qui
sera l'occasion de la banqueroute.

Cas judiciaire 12. — Willy N., ingénieur commercial, a un
casier judiciaire vierge lorsqu'il reprend, à 42 ans, une brasserie
déjà grevée d'un lourd passif. Cette reprise s'étant faite dans de
mauvaises conditions, il fait l'économie d'un comptable et n'obtient pas le soutien financier qu'il espérait de brasseries plus importantes. Il accumule alors infraction de roulage sur infraction de
roulage. Blessures involontaires en 1957. La même année, blessures involontaires avec délit de fuite. En juin 1958, vers 18 h, par
temps clair, il rentre chez lui en voiture. Arrivé en face de son
garage, il traverse brusquement la chaussée pour y pénétrer, coupant la route à un motocycliste qui circulait normalement et qu'il
devait apercevoir. Le motocycliste est tué sur le coup. Son acuité
visuelle très réduite justifie en 1961 un arrêt de la Cour d'appel
prononçant sa déchéance définitive du droit de conduire. Sa faillite
est prononcée la même année, sa banqueroute déclarée deux ans
après. Le personnel de la prison le trouve de caractère « ren-
fermé », assez replié sur lui-même et se livrant difficilement.

Cas judiciaire 13. — Manœuvre d'usine, Gaston N. a déjà été
condamné pour conduite en état d'ivresse et blessures involontaires commis lors de son service militaire, lorsqu'à 23 ans, il s'installe « à son compte » comme entrepreneur de transports. Décrit
par la gendarmerie comme « bon chauffeur, très courageux et
ayant une très grande capacité de travail », il travaille seul et
effectue lui-même les transports. Ne jouissant d'aucun capital au

départ, il achète dans de mauvaises conditions un camion usagé et s'engage ainsi dans un tourbillon de dettes, dont il ne tient cependant aucune mention comptable, préoccupé avant tout de l'argent qui rentre et effectuant dans ce but le plus de transports possible. Suivant les renseignements de gendarmerie, il n'est ni dépensier, ni joueur. « Cependant il a un caractère assez nerveux, n'admettant pas la discussion. Ces derniers temps, vu sa situation, son état de nervosité s'était accentué à tel point qu'il était toujours prêt à en venir aux mains avec toute personne qui n'entrait pas dans ses vues ». En 1962, il est condamné pour défaut d'assurance, en 1963, pour intoxication alcoolique au volant et délit de fuite. La même année, il est déclaré en faillite, puis en état de banqueroute, au motif « que le désordre de ses affaires n'a pas permis de fixer avec précision la liste des créanciers, ni dès lors le montant du passif; qu'il ne tenait d'ailleurs aucun livre de commerce et n'a pas laissé d'actif; que de surcroît il était en état de cessation des paiements quasi depuis le début de son entreprise ».

c) La fuite pathologique

60   La fuite d'un banqueroutier sera considérée comme un symptôme de troubles mentaux lorsqu'elle s'accompagne d'autres signes d'inadaptation sociale, parfois interprétés comme révélant des traits « psychopathiques » [25].

A la fin du siècle dernier, Joly (83) s'alarmait non point tant de l'accroissement du nombre des faillites, qui avait quadruplé depuis 1840, que de l'aggravation de leur caractère : de plus en plus fréquemment elles étaient déclarées sur poursuite des créanciers et clôturées pour insuffisance d'actif. Il ajoutait : « On abandonne tout, je veux dire toute obligation et toute chance de relèvement moral : on s'abandonne soi-même, on se dérobe et on disparaît... » Et, dans les pages qui suivaient, il étendait son opinion à d'autres domaines, dénonçant le divorce comme « la banqueroute du mariage », et le suicide comme « la banqueroute suprême et définitive ».

La fuite « psychopathique » est la « poriomanie » ou

tendance compulsive à la fugue. « Elle répond au besoin impulsif, incoercible, de quitter le milieu anxiogène, contraignant ou agressif (le besoin de l'᾽ailleurs᾽ est banal mais il est normalement assouvi sur un mode imaginaire). La fugue est un déguerpissement définitif, ce besoin de fuite du milieu habituel explique nombre de vocations de héros, légionnaires et mercenaires », qu'on plaint de ne pouvoir, à leur retour, se réadapter à une existence banale, « alors qu'ils sont inadaptés par tempérament » (Bobon, 13).

A un moindre degré, la fuite sera perçue comme pathologique lorsqu'elle s'insère dans un tissu de dérobades à la vie — tentatives de suicide, alcoolisme — ou à la vie socialement organisée — abandon de famille, désertion — où la banqueroute n'apparaîtra souvent que comme un élément tout à fait mineur.

Cas judiciaire 14. — Auparavant ouvrier-menuisier, Nicolas N., s'installe, à 24 ans, à son propre compte comme entrepreneur général de bâtiments, puis se spécialise dans la construction de chalets et de bungalows. Ne disposant au départ ni de capitaux ni de matériel, il établit des devis à des prix inférieurs à la norme et les premières difficultés financières apparaissent dès trois ans après le début de l'entreprise. Son casier judiciaire commence alors à s'orner de condamnations, du chef d'ivresse d'abord, puis de délit de fuite, enfin d'escroquerie. Travaillant à perte, vivant au jour le jour avec les acomptes perçus, il s'adonne au whisky, se présentant ivre à ses clients ou sur les chantiers; il fait des fugues de plusieurs jours, se vante d'avoir plusieurs maîtresses. De retour au petit matin, il boit du whisky dans son lit. Il abandonne bientôt son épouse et ses deux enfants pour s'installer avec une amie. Rejetant sans examen les conseils de son comptable, il s'enfonce de plus en plus dans la faillite, qui est bientôt prononcée, suivie d'une condamnation du chef de banqueroute frauduleuse, en même temps qu'il fait l'objet d'une procédure tendant à le mettre sous conseil judiciaire.

Cas pénitentiaire 9. — Les parents de Guy N. s'étant séparés lorsqu'il avait 3 ans, il vit avec sa mère jusqu'à son mariage.

L'aidant par de menus travaux, il mène une scolarité (école primaire) des plus irrégulière. A 19 ans, il est condamné du chef de vagabondage, en France. A 20, il s'engage pour la Corée mais est arrêté avant son départ pour vol avec violences commis alors qu'il est militaire. A sa sortie de prison, il se marie et après avoir travaillé dans un garage, s'installe comme carrossier à son compte. Son affaire prospère mais, comme il s'entend mal avec son épouse, il commence à « sortir » et à fréquenter bars et cafés, ce qui l'amène à dépenser des sommes importantes qui l'empêchent de faire face à ses engagements. Il est déclaré en faillite et condamné, à 29 ans, du chef de banqueroute frauduleuse, banqueroute simple et émission de chèques sans provision. A ce moment déjà, d'ailleurs, le ministère public estime qu'il a des contacts avec le « milieu » et que son activité professionnelle était devenue surtout une façade. Son épouse obtient contre lui le divorce et la garde des deux enfants communs. Depuis sa banqueroute, N. s'occupe de gérer des cafés, ou encore de les remettre en état. Il connaît depuis trois ans une nouvelle amie, prostituée de son état, qui a deux enfants et avec qui il compte se remarier, lorsqu'il est arrêté pour des blessures graves qu'en sa qualité de garde du corps d'un tenancier de taverne, il a occasionnées à un garçon de café venu réclamer des arriérés de rémunération.

Cas pénitentiaire 10. — Aîné des deux enfants d'un modeste papetier, Alphonse N. est de santé précaire et passe les trois premières années de sa vie à la campagne, chez des étrangers. Il passera ensuite ses vacances chez un frère de sa mère, propriétaire de puits de pétrole en Russie, qui sème en lui les germes de l'insouciance et de la « grande vie ». C'est l'enfant idéal, bon élève, serviable, etc., mais laissé sans surveillance et libre de se servir dans le comptoir-caisse du magasin. Ingénieur commercial, il entre au service d'une banque où il commet une faute de comptabilité étonnante puis, peu après, un détournement caractérisé qui entraîne sa première condamnation, à 23 ans, due sans doute aux besoins d'argent d'une intense vie sentimentale. Il épouse une femme simple qu'il a rencontrée dans un dancing et qu'il laisse dans l'ignorance de son caractère et de son passé. C'est un mari parfait tant qu'il est chez lui, mais fréquemment il fait des fugues qui sont l'occasion d'« aventures » alimentées par des escroqueries, des grivèleries et des émissions de chèques sans provision. Ses affaires — une fabrique de conserves de fruits et légumes — se développent favorablement, mais il vit sur un trop grand pied : voitures, femmes d'ouvrages, innombrables « parties » et nombreux amis. En vingt ans, de fugue en fugue, il accumule seize condamnations du chef de faux, escroqueries, vol, émission de chèques sans provision, etc. A 45 ans, il entre en qualité de directeur commercial au service d'une firme s'occupant de la vente à tempérament de meubles et d'appareils électroménagers. Impliqué dans la faillite de l'entreprise, qu'il avait affectée au détournement et à l'escroquerie, il est condamné à trois ans d'emprisonnement du chef de banqueroute frauduleuse. A sa libération conditionnelle, il émigre en Tunisie pour se reconvertir dans l'électronique.

Une expatriation peut, outre les difficultés matérielles qu'elle fait naître [26], déclencher sur le plan psychologique une recherche effrénée, quasi obsessionnelle, d'une réussite qui, latente chez le migrant, avait peut-être constitué le véritable motif de son départ du pays natal (Ferracuti, 58).

Cas pénitentiaire 11. — Spiro N. est né en Yougoslavie au début du siècle, d'un père cultivateur qu'il perd alors qu'il a 2 ans. Suivant, après ses études primaires, des cours commerciaux du soir, il travaille déjà dans les champs à 10 ans. De 14 à 17 ans, il est apprenti vendeur dans un grand magasin, à 17 ans représentant de commerce. A 20 ans, il part en Italie, où il est manœuvre puis aide-ajusteur. A 22 ans, il se rend à Gênes et est embauché comme ouvrier sur un bateau. Sans travail au bout de six mois, il part en Afrique du nord, où il devient mécanicien et ouvrier dans une usine de plomb. Il reprend ensuite la mer comme mécanicien sur un bateau marchand grec. Il arrive en Belgique à 25 ans, y est pendant deux ans ajusteur dans une entreprise de constructions navales. Il fait ensuite l'apprentissage de la chaussure, et s'installe à son compte à 29 ans. Il épouse une Hongroise, d'origine ouvrière comme lui, qui devient de plus en plus exigeante à mesure que ses affaires se développent. Il a un fils qui réussit des études universitaires et atteint une brillante position. Il a aussi des maîtresses et s'adonne au jeu. Alliés à son absence d'instruction commerciale et à son insouciance. ces éléments vont entraîner sa débâcle financière. Il tient pourtant désespérément au rôle qu'il s'est taillé. Dès 1950 (il a 46 ans), son casier judiciaire enregistre de nombreuses condamnations du chef d'infractions de roulage : excès de vitesse, blessures involontaires, délits de fuite à deux reprises, en 1951 et 1953. Son épouse obtient alors le divorce. Puis successivement s'abattent sur lui : une première condamnation, avec sursis, du chef de banqueroute simple, en 1954, puis, ayant continué son activité sous le couvert d'une S.P.R.L., une condamnation sans sursis du chef de banqueroute frauduleuse en 1958, enfin, ayant derechef renouvelé sa tentative en constituant une nouvelle société, une troisième condamnation, à 18 mois de prison et 5 ans de mise à la disposition du gouvernement [27], du chef de banqueroute frauduleuse, banqueroute simple, faux et usage de faux, abus de confiance, émission de chèques sans provision, et violation de l'interdiction pour un banqueroutier d'occuper des fonctions dirigeantes dans une société commerciale.

L'obsession d'échapper à soi-même peut se traduire, dans l'existence d'un banqueroutier, par d'autres conduites de fuite que la fugue elle-même. Nous avons cité déjà un cas qui s'apparente à la porio-dipsomanie, c'est-à-dire à l'association, d'ailleurs fréquente, de l'impulsion à la fugue et de **la tendance impulsive à boire de l'alcool par phases** (Bobon, 13). Mais l'alcool ou la drogue peut être un moyen d'échapper dans l'imaginaire à une image de soi qui n'a pu se réaliser. La toxicomanie au sens large peut d'ailleurs n'apparaître en somme que comme une conduite suicidaire [28] parmi d'autres, également fréquentes chez les banqueroutiers : parmi elles, l'incendie, réussi ou tenté, dans la mesure où il est plus suicidaire que frauduleux [29].

Cas pénitentiaire 12. — Frans N. est entrepreneur dans une ville du littoral. Ses affaires vont d'abord bien, puis périclitent. A 31 ans, il est condamné du chef de délit de fuite et conduite en état d'ivresse, à 34 ans, derechef pour délit de fuite, l'année suivante pour coups et blessures involontaires. A la veille de recevoir la visite du contrôleur des contributions, il met le feu à sa comptabilité, feu qui se communique à la maison. Acquitté du chef d'incendie volontaire, au motif qu'il n'était « pas établi que le feu était destiné à se propager à l'habitation », il est condamné du chef de banqueroute frauduleuse. A l'instruction, il a tout nié, puis s'est enfui à l'étranger, et a dû être extradé de Dakar.

Cas judiciaire 15. — A 28 ans, Tamara N. fonde une société anonyme de vente de produits de droguerie écoulés par une dizaine de succursales locales et des livreurs et démarcheurs sillonnant la région avec des camions. Après une période faste, les bénéfices s'effondrent, les administrateurs démissionnent et N. reste seule gérante en fait durant plusieurs mois d'une firme qui n'était plus une société que de nom et dont le capital, au surplus, était constitué en majeure partie d'apports en nature, d'ailleurs surévalués. Un incendie se produit alors au siège social, où tout est détruit et notamment la comptabilité. L'incendie donne lieu à une indemnisation que N. encaisse personnellement, alors que l'assignation en faillite a déjà été lancée. Le tribunal prononce à sa charge une peine unique du chef de banqueroute frauduleuse, banqueroute simple et détournement, en raison de « l'intention commune de retarder par tous les moyens la faillite, et de sauver sa mise, si elle survenait ». Elle quitte la ville pour être la déléguée d'une coopérative dont son mari est gérant.

*
*   *

II. LA « CARRIÈRE » DU BANQUEROUTIER

61   Une population[30] de banqueroutiers est le résidu de multiples filtrages parmi toutes les personnes qui réunissent les conditions juridiques de la banqueroute (*supra*, n° 42).

N'ayant rien d'un échantillon aléatoire, c'est-à-dire dû à un hasard mathématique, une telle population, fixée à un moment d'observation déterminé (*approche « statique »* ou transversale), ne peut fournir que l'image judiciaire moyenne du banqueroutier. En d'autres termes, elle renseigne davantage sur le fonctionnement de la société et de ses fonctions de répression, elle permet davantage de pénétrer les « mystères de l'ordre social » (Rubington et Weinberg, 138) que la substance de la banqueroute.

Il en va tout autrement d'une *approche « dynamique »* (ou longitudinale) de cette même population. Les histoires de vie exposées ci-avant ont représenté un premier pas dans cette direction. Etudiées plus systématiquement, les « carrières » [31] pourront nous procurer la clé permettant de distinguer 1° le banqueroutier « vrai », qui réagit à une catastrophe, de l'escroc, qui organise une catastrophe lucrative, et 2° la carrière véritable, supposant un cheminement dans la délinquance, hérissé d'épisodes criminels qui s'enchaînent avec une certaine logique, du passage à l'acte de banqueroute, qui peut être perçu à tort comme une succession d'actes traduisant une persévérance dans l'activité criminelle.

Sur le plan méthodologique, la recherche d'un abord systématique des carrières suggérera un mode de présentation graphique linéaire voisin de ce qu'un auteur allemand a, pour sa part, qualifié de « criminogrammes » (Engel, 56).

1. Le banqueroutier vrai et l'escroc

62 L'escroc est, suivant l'expression de Merlin (108), le « fripon qui est dans l'habitude d'attraper de l'argent ou autre chose par ruse, par fourberie ».

Pour l'escroc, la faillite, habilement organisée, peut être une manœuvre parmi les plus rentables. Le crime organisé, aux Etats-Unis, en a tiré le meilleur parti (*infra,* n° 85). C'est, de toute façon, un moyen d'escroquer, que l'on pourra retrouver, parmi tous les autres modes possibles d'escroqueries, au fil d'une carrière lucrative d'escroc.

Le banqueroutier vrai n'a pas organisé sa débâcle. Il a réagi à une catastrophe, par des moyens de catastrophe. La répétition même de banqueroutes, comme on l'a vu au cas pénitentiaire 11 (*supra,* nº 60) ou comme en témoigne la vie de Daniel Defoe[32], n'indique pour eux que la volonté de réussir à tout prix, de ne pas désarmer.

Le critère distinctif du banqueroutier vrai et de l'escroc, on pourra le trouver dans deux éléments.

En un premier stade, on verra que la combinaison des taux de récidive et des strates d'âges distingue déjà l'ensemble des banqueroutiers des autres délinquants.

En un deuxième stade, on se demandera si l'allure et le contenu de la carrière permettent, parmi les délinquants, de distinguer les banqueroutiers vrais des escrocs, accessoirement banqueroutiers.

63   Logiquement, plus la population criminelle est âgée, plus forte y est la proportion de récidivistes. Ainsi, si l'on considère la population recensée par la statistique criminelle belge de 1960, la progression d'âge en âge de la proportion des récidivistes y est constante :

Groupes d'âge	Récidivistes	Primaires
16 à 18 ans[33]	27	750
18 à moins de 21 ans	302	1 657
21 à moins de 25 ans	1 999	3 403
25 à moins de 30 ans	1 057	2 451
30 à 35 ans	1 980	2 360
35 à 40 ans	1 812	1 799
40 à 45 ans	1 084	957
45 à 50 ans	1 231	952
50 à 55 ans	729	630
55 à 60 ans	967	521
60 à 70 ans	326	308
70 ans et plus	255	106

La banqueroute ne suit pas cette règle. La même statistique criminelle révèle en effet, à ce sujet, l'évolution suivante :

Groupes d'âge	Récidivistes	Primaires
21 à 25 ans	1	5
25 à 30 ans	0	3
30 à 35 ans	9	9
35 à 40 ans	7	9
40 à 45 ans	6	9
45 à 50 ans	9	5
50 à 55 ans	3	4
55 à 60 ans	1	5
60 à 70 ans	0	3

Plus nette encore est l'évolution observée dans les 100 dossiers pénitentiaires que nous avons étudiés à Saint-Gilles (Bruxelles) : alors que nous y avons tenu compte de certaines condamnations, exclues de la *Statistique criminelle* [34], la proportion de banqueroutiers en état de récidive y apparaît nettement décroissante à mesure que l'âge augmente (8 récidivistes par rapport à 0 primaire de moins de 30 ans, 53/12 de 30 à 50, 17/10 de 50 et plus). Ce phénomène est confirmé dans une moindre mesure par les 64 dossiers étudiés à Verviers, où il n'y a qu'un récidiviste pour 9 primaires de moins de 30 ans — la proportion beaucoup plus forte à Saint-Gilles s'explique par le fait que ces dossiers supposent une incarcération, ce qui est évité, dans toute la mesure du possible, pour les plus jeunes lorsqu'ils ne sont pas en état de récidive —, 22 récidivistes pour 19 primaires de 30 à 50, 2/11 de 50 et plus.

Ce qu'il faut déduire de cette première approche, c'est que, si chaque âge a ses banqueroutiers, les banqueroutiers n'ont pas *en principe* de carrière criminelle : une carrière supposerait en effet, au contraire, une accumulation de faits au cours des années. Mais le problème se pose alors de savoir si, parmi les banqueroutiers « récidivistes », certains peuvent être qualifiés de « banqueroutiers de carrière ». Si la réponse à cette question est négative, un conflit surgira entre la notion juridique de « récidive », transposée dans la statistique criminelle, et la notion criminologique de « carrière criminelle ».

*
*   *

64   Une ou plusieurs banqueroutes peuvent s'insérer dans une carrière criminelle de trois manières au moins.

1° Elles peuvent apparaître seules, soit en tant que telles, soit sous la forme de tourbillons d'infractions donnant lieu à des chapelets de condamnations;

2° Elles peuvent aussi se présenter dans une carrière « polytrope » — suivant l'expression de Yoshimasi (178) —, c'est-à-dire comprenant toutes sortes de comportements criminels très différents : là encore, les banqueroutes peuvent se présenter sous les deux formes évoquées au 1°;

3° Enfin, elles peuvent s'intégrer dans la carrière « monotrope » d'un escroc, comme l'une des variétés de manœuvres qu'il a utilisées. Dans ce cas, la banqueroute, recherchée en tant que telle, apparaîtra normalement jumelée à un bloc d'infractions de fraude.

65   Pour rendre cette distinction perceptible dans les faits, nous avons eu recours à une présentation graphique linéaire des 164 carrières — au demeurant partielles[35] — que nous avons pu reconstituer à partir de dossiers judiciaires et pénitentiaires.

Les « criminogrammes » — pour reprendre l'expression de Engel (56) — ont été élaborés de la façon suivante. Chaque vie a été réduite à une ligne droite, suspendue uniquement par les périodes de guerre, indiquées entre crochets, et interrompue par la première infraction recensée par la statistique criminelle (à l'exclusion, par exemple, des infractions de roulage, même les délits de fuite). Sur ces lignes, nous avons posé une série de jalons, représentant des événements importants de la carrière, sentimentale parfois (divorce), professionnelle (création de l'entreprise, difficultés de paiement, faillite, fuite), et criminelle (que les infractions soient ou non recensées dans la statistique criminelle). L'événement retenu pour la carrière criminelle est, dans la logique de notre étude, la condamnation définitive (*supra,* n° 40), complétée, le cas échéant, de la date de la libération conditionnelle.

66   Les quatre criminogrammes qui suivent, explicités par l'histoire du cas, représentent :

1° d'une part, deux carrières criminelles « classiques », l'une homogène, l'autre hétérogène;

2° d'autre part, deux carrières de banqueroute, où les épisodes de banqueroute apparaissent, soit comme un tout, soit en fragments perçus séparément par la justice.

DIAGRAMME 1 : CARRIÈRE CLASSIQUE HOMOGÈNE

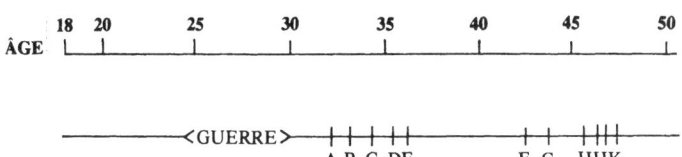

Cas pénitentiaire 13. — Enfant unique, Joseph N. doit interrompre ses études lors du divorce de ses parents. Invalide de guerre, il se lance dans les entreprises les plus diverses, sans succès. Son existence s'émaille de condamnations du chef de faux, d'escroqueries à la pitié (B), de vol (C), de contrebande (D), parallèlement à un imposant casier judiciaire d'infractions routières — défaut d'assurance (F), délit de fuite (G) — et d'injures (A, G). En prison, on le retrouve fraudeur et dominateur. La faillite d'une blanchisserie, alors qu'il a 36 ans, est déclarée banqueroute frauduleuse (E) et sanctionnée de 2 ans d'emprisonnement. Dix ans plus tard, la ruine d'un commerce électroménager donne lieu à banqueroute simple (H), punie d'un mois d'emprisonnement. Une grivèlerie (I), un vol (J) et des détournements au préjudice de la firme qui l'emploie (K) justifient sa fuite en Suisse, d'où il est extradé.

DIAGRAMME 2: CARRIÈRE CLASSIQUE HÉTÉROGÈNE

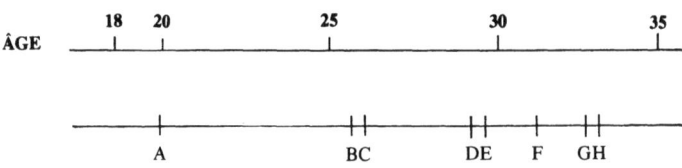

Cas judiciaire 16. — Enfant unique issu d'une famille « honorable », Alfred N. se révèle tôt indocile et est « mis dans un garage ». Présenté comme versatile, faible, impulsif, il cédera à toutes les occasions d'enrichissement facile — abus de confiance et faux durant son service militaire (A) et plus tard (E) —, de liaisons dangereuses, — avec deux des filles de sa concubine, de 20 ans son aînée, ce qui l'expose, à 4 ans de distance, à deux lourdes condamnations du chef d'attentat à la pudeur (B, F) —, ou de service — même s'il s'agit d'aider à écouler le produit d'un cambriolage (H) et s'il faut pour cela effectuer des transports alors qu'il est déchu du droit de conduire à la suite d'ivresses au volant et de délits de fuite (C, D). Sans capitaux, il ouvre un garage qui est déclaré en faillite au bout de deux ans : à 33 ans, son casier judiciaire s'orne d'une condamnation supplémentaire à 2 mois d'emprisonnement du chef de banqueroute simple (G).

DIAGRAMME 3: CARRIÈRE DE BANQUEROUTE: BANQUE-ROUTE « EN BLOC »

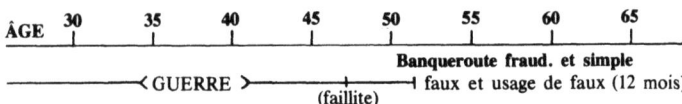

Cas pénitentiaire 14. —. Julius N. exploitait une grosse entreprise de transports et importation de produits de poissonnerie. Il accuse le traité Benelux d'avoir fait perdre à son entreprise sa compétitivité, et explique l'imposant casier de roulage dont il est nanti, par les visites incessantes qu'il a dû rendre à ses clients et le manque de surveillance de ses chauffeurs qui en est résulté. Au moment de sa faillite, il est obèse et sa femme souffre, dit-il, d'une grave maladie nerveuse, ce qui ne l'empêche pas d'exploiter une maison de « passes » qu'elle qualifie de « chambres d'étudiants ». Condamné, à 51 ans, à 12 mois de prison du chef de banqueroute frauduleuse, banqueroute simple, faux et usage de faux, il subit sa peine intégralement.

DIAGRAMME 4: CARRIÈRE DE BANQUEROUTE: BANQUE-ROUTE « EN FRAGMENTS »

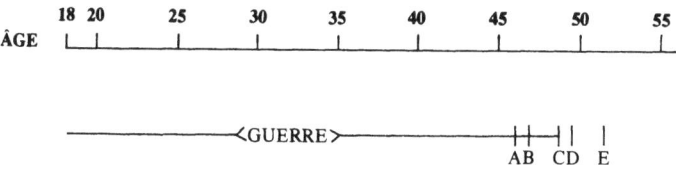

Cas judiciaire 17. — Malade et voyant péricliter son négoce de mobilier et d'appareils électroménagers, N. cède l'affaire (A) à son épouse Germaine, et laisse sa belle-mère alimenter le commerce par des emprunts hypothécaires. Echappant par l'effet de la prescription, à une condamnation du chef d'émission de chèque sans provision (B), elle est en revanche condamnée du chef de faux et escroquerie en matière de vente à tempérament (C), et ne peut empêcher la culbute au bout de trois ans. Déclarée en faillite (D), elle tente de faire reprendre par son fils le même genre d'activité. Acquittée, au bénéfice du doute, du chef de banqueroute frauduleuse, elle est condamnée à 4 mois d'emprisonnement avec sursis du chef de banqueroute simple (E).

67   En définitive, les criminogrammes ne permettent pas de distinguer des carrières de banqueroutiers « vrais », mais seulement des banqueroutes vraies, dans quelques types de carrière qu'elles s'insèrent.

Nous sommes ainsi renvoyé de la carrière au passage à l'acte.

2. Carrière et passage à l'acte

68   A un certain stade, plus ou moins tardif, de la carrière criminelle, on percevra une « pelote », un « conglomérat » d'infractions qui toutes traduisent une même crise, une même déroute.

Embarqué dans une affaire parfois hypothéquée dès le départ, présentant éventuellement, dès le début, les caractères de l'escroquerie, l'homme d'affaires perd pied, cherche à toute force des ressources, légitimes d'abord, tant qu'il garde des crédits, puis illégitimes pour continuer artificiellement à payer ses dettes, ou simplement à vivre de cette activité. Les émissions de chèques sans provision, s'enchaînent aux escroqueries, aux abus de confiance. Nerveux devant l'échec dont il retarde la manifestation, il conduit mal, provoque des accidents, fuit après l'accident. Il boit, ce qui a pour conséquence d'abaisser son seuil de tolérance à l'égard des remarques qu'on lui adressera — injures, coups, outrages à des agents de l'autorité —, et peut-être de compromettre davantage la paix de son ménage. Si la séparation survient, elle s'accompagne de la ronde de l'entretien de concubine, du divorce, du défaut de paiement de la pension alimentaire à laquelle il aura été condamné. Lorsque l'huissier se présentera pour saisir, il sera mal accueilli — nouveaux outrages — et sa visite déclenchera un réflexe de détournement des objets saisis les plus précieux, ce qui sera éventuellement aussi le premier élément — détournement d'actif — de la banqueroute.

Selon les hasards des procédures, l'affaire, unique dans son mouvement, se présentera en une ou plusieurs phases à la justice. Et parfois le banqueroutier devra renverser, lors de son incarcération, l'impression défavorable qui se dégage d'un casier judiciaire où semble se manifester la répétition de faits de même nature, alors que les faits constituent un ensemble, antérieur à la première condamnation. La vie de cet homme d'affaires n'a pas été bâtie autour d'un rôle (*infra*, n° 75) criminel : il a joué une série de rôles, particulièrement celui de « citoyen respecté » (Clinard et Quinney, 25) et c'est précisément l'attachement à ce rôle qui aura été la cause prépondérante de son « tourbillon » d'infractions.

Cas pénitentiaire 15. — Ayant suivi le degré inférieur de l'enseignement moyen, Remi N. inaugure son casier judiciaire à 36 ans, par une condamnation pour coups et résistance à la police. Trois ans plus tard, il est condamné à un an de prison du chef de faux, usage de faux et banqueroute frauduleuse, à la suite de la faillite d'un commerce de voitures. Il se lance ensuite dans un commerce de peaux qu'il ouvre sous le nom de son épouse. Multipliant à cette occasion les escroqueries aux ventes à tempérament, il est bientôt déclaré en faillite. Après avoir rétabli artificiellement son crédit par l'émission d'une série de chèques sans provision, il est redéclaré en faillite, à 43 ans. Trois jugements étalés sur 2 ans le condamnent à un total de plus de 2 ans de prison, du chef de faux, usages de faux, escroquerie, détournements, émission de chèques sans provision, fausses traites et banqueroute simple. Le personnel pénitentiaire le trouve soumis, foncièrement bon. Tuberculeux et diabétique, il décède en prison, à la veille de ses 50 ans.

69 Du niveau d'interprétation du « criminel », nous sommes ainsi renvoyé au niveau d'interprétation du « crime » (cf. *supra*, n° 13 et sv.), qui fait l'objet du chapitre 4, consacré à « la banqueroute ».

NOTES du chapitre III

[1] Interagir, c'est influencer réciproquement. Une criminologie de type interactionniste, axée sur les mécanismes sociaux de rejet, a essentiellement pour objet les processus d'interaction qui divisent le monde en types de personnes, des conformistes et des déviants, des censeurs et des censurés, des définisseurs et des définis, et les effets de ces processus sur la vie sociale : ce qui se passe alors « de l'autre côté », les réponses au rejet, l'organisation en sous-cultures, l'acquisition d'une identité criminelle ou déviante. Voy. Becker (7), Schur (144), Kellens (90), Robert et Lascoumes (136).

[2] L. belge du 18 avril 1851, art. 573, 574, 577 et 578; Code pénal belge, art. 489; L. française du 13 juillet 1967, art. 126 (« les personnes *reconnues* coupables »); Code pénal français, art. 402. Voir ces textes à la fin de l'ouvrage.

[3] L. 18 avril 1851, art. 494.

[4] Voy. *supra*, sur la prescription de l'action publique, ch. 2, note 2.

[5] Au sens propre, un palimpseste est un parchemin dont on a effacé la première écriture pour pouvoir le réutiliser pour un autre manuscrit. Lombroso (100) a étendu le mot aux murs des cellules de prison et à leurs graffiti. Plus largement, le mot désigne toute expression manuscrite d'un détenu.

[6] Il semble que les femmes échappent plus facilement que les hommes à la répression pénale pour différentes raisons, en particulier le fait que la législation et la justice se situent essentiellement dans une logique masculine : voy. Yamarellos et Kellens (177), v° « Femmes délinquantes ».

[7] La situation au 1er mars 1966, reflétées dans les *Statistiques du commerce et des transports* belges de 1967, comprend le nombre d'établissements immatriculés entre le 1er septembre 1964 et le 28 février 1966 qui sont toujours inscrits à cette date.

[8] Envisageant uniquement la criminalité des femmes, Quételet (129) a cependant pu ranger les banqueroutes frauduleuses parmi leur criminalité dominante, au même titre que « le faux témoignage, les faux, ... l'empoisonnement et les autres crimes où la ruse vient au secours de la faiblesse ».

[9] La criminalité générale ou globale est l'ensemble des infractions prises en compte dans les statistiques criminelles (*supra*, n° 31). La population criminelle générale est l'ensemble des auteurs de ces infractions.

[10] Ainsi, on constatait une évolution rapide de la proportion de personnes de profession « indéterminée » et d'état social « indéterminé » parmi les condamnés recensés par la statistique criminelle belge. De 20 % en 1960, la proportion était passée à 32 % en 1965, sans que cette évolution pùt s'expliquer autrement que par les variations dans les modes d'élaboration de la statistique criminelle (Yamarellos et Kellens, 177, v° « Profession »). En 1968 d'ailleurs, la proportion était retombée à quelque 22 %.

[11] Parmi   les   catégories   socioprofessionnelles   utilisées   par

l'I.N.S.E.E., la catégorie des « gros commerçants » ne comprend que des personnes établies à leur compte (en général, patrons d'entreprises commerciales importantes).

« Théoriquement, le classement dans l'un ou l'autre des groupes ' 26. Gros commerçants ', ou ' 27. Petits commerçants ', pourrait être effectué en se basant sur le chiffre d'affaires (le plus souvent difficile à obtenir). » Dans la pratique, cette distinction est faite à l'aide du nombre de salariés de l'entreprise; on admettra, de plus, que certains commerçants doivent être considérés comme « petits » et que d'autres doivent être considérés comme « gros », indépendamment du nombre de salariés qu'ils emploient.

La règle adoptée est la suivante :

D'une part, les commerçants détaillants (et assimilés) doivent être classés en :

26. « Gros commerçants » s'ils emploient trois salariés ou plus;

27. « Petits commerçants » s'ils emploient moins de trois salariés.

« D'autre part, les grossistes et un certain nombre de commerçants (ou personnes dont le métier peut être assimilé à celui de commerçant) sont classés dans la présente catégorie ' 26. Gros commerçants ' quel que soit le nombre de salariés qu'ils emploient. »

[12] Le mot allemand *Gestalt* désigne la forme, c'est-à-dire l'organisation dans laquelle les propriétés des parties ou des processus partiels dépendent du tout (Piéron, 122, v⁰ « Forme »).

[13] Une population est un ensemble d'individus qui font l'objet d'une observation statistique relativement à une grandeur déterminée. Un échantillon est un ensemble d'individus prélevés dans une population par un choix au hasard (Pinty et Gaultier, 125).

[14] Bonger (14) ne relève, pour sa part, cette « intelligence supérieure » que chez ceux des banqueroutiers qu'il considère comme des « grands criminels » et qui correspondent, dans notre étude, aux banqueroutiers « systématiques » (*infra*, n⁰ 62).

[15] « La richesse des nations ... peut se mesurer à la violence des crises qu'elles éprouvent... Le progrès de l'industrie et du commerce oblige à se risquer de plus en plus, à descendre toujours plus bas l'échelle des degrés de probabilités dont on doit se contenter en affaires » (Tarde, 159).

[16] « Ce n'est ni la pauvreté ni la richesse par elles-mêmes qui sont des écueils pour l'honnêteté ... mais la chute brusque dans le dénuement ou l'ascension rapide vers l'opulence sont pareillement dangereuses pour la moralité » (Tarde, 158).

[17] Le jugement de faillite dans cette affaire, en cause de Jules G., est reproduit dans la *Rev. prat. sociétés*, 1968, 18 sv.

[18] Ce genre d'escroqueries, florissantes dans toute l'Europe occidentale vers 1965, consiste à faire signer un contrat d'achat à tempérament à un prix excessif en le présentant comme l'annexe d'un autre contrat, de travail

par exemple, apparemment rénumérateur (les tricots dans le cas de vente de machines à tricoter): voy. Kellens (87).

[19] Une célèbre affaire de banqueroute survenue à Verviers avant-guerre avait donné lieu à l'application de la loi du 9 avril 1930: voy. Liège (ch. mises accus.), 8 novembre 1933, *Rev. dr. pén. crim.,* 1934, 57-60, en cause de André D.

[20] *Libre Belgique* du 17 juin 1969.

[21] *Libre Belgique* du 5 février 1970.

[22] En droit belge, l'aveu de la cessation des paiements doit être fait dans un délai de trois jours: L. du 18 avril 1851, art. 440 et 574, 4° (voir les textes de droit en fin d'ouvrage).

[23] Nous rangeons ici parmi les « fraudes » les faux, les escroqueries, les tromperies, les abus de confiance, les banqueroutes, les émissions de chèques sans provision. Les récidives « spéciales » englobent, outre ces infractions, toutes les formes de vol. Les récidives « générales » comprennent toutes les autres infractions prises en compte par la statistique criminelle et en outre les condamnations du chef d'incivisme en temps de guerre. Le casier judiciaire de l'occasionnel n'est chargé, le cas échéant, que d'autres infractions (par exemple des infractions de roulage).

[24] En 1972, 4 303 déchéances du droit de conduire ont été prononcées, en Belgique, à titre de sentence de délits de fuite.

[25] Les traits psychopathiques se rapprochent des traits du « noyau central » de la personnalité criminelle dégagés par Pinatel (123): irritabilité, instabilité, déséquilibre entre intelligence et jugement, soumission au plaisir immédiat (Bobon, 13). Notions controversées, les termes « psychopathe » et « sociopathe » ne sont, pour certains auteurs, pas plus des diagnostics psychiatriques que les termes « incorrigible » et « irrécupérable » (Cormier, 36). Voy. à ce sujet Cassiers (21).

[26] Voy. à ce sujet les exemples d'émigrés de l'Allemagne de l'est, ou de migrants d'un *Land* allemand à un autre, que cite Skrotzki (146): ils étaient, parmi les banqueroutiers dont il a étudié le dossier, 13%, contre 9,1% dans la population totale.

[27] La mise à la disposition du gouvernement est une mesure de sûreté prévue par la loi belge de défense sociale, à l'égard des multirécidivistes et délinquants d'habitude, et subie à l'issue de leur peine principale.

[28] Les conduites suicidaires comprennent, outre le suicide et la tentative, la menace, l'idée du suicide et les équivalents suicidaires (Vauterin, 169).

[29] Rappelons les courbes statistiques relativement parallèles fournies par les statistiques criminelles allemandes reflétant l'évolution respective du nombre des faillites et des incendies (*supra*, note 13).

[30] Au sens précisé *supra*, n° 51.

[31] Une carrière est un cheminement social, supposant un certain engagement. Une carrière criminelle est la vie d'un sujet engagé dans une activité criminelle. Parmi les modes d'approche systématique de carrières

criminelles, on peut citer spécialement la méthode des « cas programmés » transposée en criminologie par De Waele (50).

[32] Daniel Defoe fut en butte à d'innombrables procès et fit plusieurs fois faillite (dans la bonneterie, la tuilerie, etc.), tout en ne connaissant le pilori et la prison que pour des raisons politiques. Dans sa préface à l'édition de *Robinson Crusoé* dans la collection de la Pléiade (Gallimard, 1959), F. Ledoux le décrit comme doté d'une « conscience assez élastique », sans qu'il y ait jamais eu contre lui une « preuve formelle d'escroquerie ».

[33] Avant 1965, la majorité pénale était de 16 ans en Belgique.

[34] *Supra*, note 23.

[35] Dans une proportion minime des cas, les dossiers donnent l'image d'une série close, c'est-à-dire d'une carrière complète, achevée par la mort de l'individu. La plupart du temps, le point final connu à partir du dossier est le moment de la condamnation ou la fin de la détention.

CHAPITRE 4

LA BANQUEROUTE

70   L'étude au niveau d'interprétation du crime « constitue l'approche criminologique par excellence, celle où l'on s'efforce d'appréhender la convergence des facteurs et des mécanismes biologiques, sociaux, psychologiques, qui conduisent au passage à l'acte » (Pinatel, 123). Il n'est pas interdit, bien sûr, de s'efforcer, dans un deuxième temps, de saisir les rapports qui peuvent s'établir entre passage à l'acte et personnalité, entre personnalité et société globale, entre passage à l'acte et société globale *(ibid.)*.

71   L'approche de la banqueroute à ce niveau d'interprétation se justifie particulièrement. La banqueroute est, en effet, un état qui résulte parfois d'un ensemble d'actes. Lorsque ces actes sont en soi constitutifs d'infractions, ils peuvent apparaître successivement et isolément à l'observateur judiciaire qui risque de percevoir une récidive, c'est-à-dire une rechute dans l'infraction, là où il n'y a qu'une activité complexe et étalée dans le temps (voy. *supra* le cas pénitentiaire 8, n° 56).

Le crime constituant essentiellement la réponse d'une personnalité à une situation, nous étudierons la banqueroute en trois phases :

1° la situation à laquelle a été confronté le banqueroutier : à ce stade, plusieurs rapprochements peuvent être faits avec les constatations obtenues au niveau d'interprétation de la criminalité ;

2° les éléments personnels et interpersonnels qui ont réglé sa réaction face à cette situation : le lien s'imposera ici tout naturellement avec l'étude du banqueroutier ;

3° enfin, le mécanisme même du passage à l'acte, résultat des deux premiers éléments, qui présentera des analogies avec le mécanisme d'autres comportements représentant une voie de solution criminelle.

I. LES ÉLÉMENTS SITUATIONNELS D'ORDRE MATÉRIEL

72   La banqueroute peut consister autant dans le comportement qui a provoqué la cessation des paiements (la recherche de moyens ruineux de crédit par exemple) que dans celui qui l'a accompagnée (le détournement d'actif par exemple)[1]. Mais à son tour, la cessation des paiements peut avoir une cause économique plus ou moins lointaine, plus ou moins extérieure au sujet. Nous examinerons successivement quatre types de conditions économiques dangereuses : 1° celles qui résultent d'un état propre au sujet; 2° celles qui consistent dans une conjoncture apparemment favorable; 3° les circonstances économiques mettant l'entreprise en péril; 4° enfin, les conditions défavorables d'une reprise et les erreurs commises dans la gestion de l'entreprise.

1° Un passé politique d'« incivique » peut peser fort lourd dans le cours professionnel d'une existence. Pour une personne marquée du sceau d'infamie au terme d'une guerre, la tentation peut être grande de se lancer dans des affaires qui permettront au moins de vivre, et peut-être de redresser rapidement une situation économique, quitte à prendre éventuellement certains « risques ». Si ce phénomène n'apparaît pratiquement pas dans les dossiers judiciaires que nous avons consultés à Verviers, en revanche il se manifeste dans 13 des 100 dossiers pénitentiaires que nous avons compulsés à Saint-Gilles. Au cas cité plus haut (cas pénitentiaire 2, n° 54), ajoutons l'exemple suivant.

Cas pénitentiaire 16. — Léon N. a suivi le degré inférieur de l'enseignement moyen. Condamné, à 46 ans, à 8 ans de détention du chef d'aide à l'ennemi durant la dernière guerre, il se reclasse difficilement. Son mauvais comportement durant la guerre en est une première raison. Mais c'est aussi un « fieffé menteur » et un homme qui n'inspire aucune confiance. Ayant une haute opinion de lui-même, il n'a pas d'amis, et ses seuls rapports humains dans la petite commune où il vit, se réduisent aux fournitures du boulanger et du boucher, et aux contacts nécessaires pour recevoir des allocations de mutuelle. A 59 ans, il est condamné à 5 mois d'emprisonnement pour une première banqueroute frauduleuse mais, dès l'année suivante, il constitue avec sa femme et son fils une S.P.R.L. d'entreprise de constructions qu'il dirige en fait en qualité de « fondé de pouvoirs non rémunéré ». La faillite survenue, il s'empresse de détourner une partie de l'actif et de déposer un faux bilan. A 62 ans, il est condamné une deuxième fois, du chef de banqueroute frauduleuse, à 4 mois de prison.

2° Une conjoncture apparemment favorable peut présenter autant de dangers qu'une crise économique. Ainsi, au cours de la période que nous avons étudiée, la construction de l'autoroute « Roi Baudouin » reliant Anvers à l'Allemagne au travers de la région verviétoise, a eu pour effet d'entraîner un léger phénomène de surchauffe, qui s'est traduit par des vocations trop hâtives et irréfléchies d'entrepreneurs de transports de matériaux.

Cas judiciaire 18. — Deuxième enfant de parents divorcés, Paul N. connaît peu son père, chef de service d'un journal, et est élevé par sa mère, remariée. Mécanicien de profession, il épouse une ouvrière, Elisabeth Z., dont il a deux enfants, l'un anormal. Installé comme garagiste, son affaire marche bien au départ, surtout grâce au revenu régulier apporté par la location d'emplacements pour véhicules à des particuliers. Puis, petit à petit, il perd sa clientèle, et commence à s'endetter, si bien qu'à 24 ans il décide de se consacrer au transport, avec un camion acheté par sa mère, le commerce étant par ailleurs immatriculé au nom de l'épouse. Peu travailleur, aimant surtout la vie facile, dépensier sans être buveur ni débauché, mal entouré, l'esprit fraudeur, il court bientôt à la faillite, qui est déclarée, au bout de six mois d'activité, contre lui-même et son épouse. Il y a cependant alors déjà plusieurs mois qu'il a cessé ses paiements. Il s'esquive lors des visites ou des convocations du curateur. Il a détourné une partie de l'actif et émis une série de chèques sans provision en pensant « que la banque paierait comme elle le faisait d'habitude même quand le compte n'était pas provisionné ». Nanti d'un casier judiciaire chargé (vol au préjudice de l'Etat, insubordination et désertion à 19 ans, détournement au préjudice de l'Etat, coups et blessures involontaires et délit de fuite à 20 ans, vol domestique à 22 ans, port d'arme de défense sans permis à 23), il est condamné à 1 mois d'emprisonnement du chef d'émission de chèques sans provision (à 25 ans), à 3 ·mois du chef de banqueroute frauduleuse et chèques sans provision (à 26 ans), cependant que son épouse est déclarée aussi banqueroutière frauduleuse et condamnée à 1 mois d'emprisonnement. Il ne s'arrête pas en si bon chemin : le casier de roulage (coups et blessures involontaires, etc.) s'alourdit, cependant que se succèdent : port d'arme prohibée (à 26 ans), émission de chèques sans provision, vol simple, importation frauduleuse (à 27 ans). Enfin, décidé à faire des voyages d'agrément, il a gagné le Maroc avec tout un matériel obtenu grâce à de faux chèques mais il a le tort de vouloir se réapprovisionner ensuite en Belgique au moyen des mêmes procédés. Il est condamné du chef de faux et usage de faux, escroquerie et émission de chèque sans provision.

Cas judiciaire 19. — Anton N. s'est installé, à 20 ans, comme horticulteur, et ses affaires ont connu un développement normal, impliquant un agrandissement progressif des installations et notamment des serres, qui ne résistèrent cependant pas à des hivers particulièrement rudes : deux années d'affilée, toutes ses plantes furent gelées. Il fit face, mais, malgré un rythme de vie très dur, il ne gagna rien. « A ce moment, explique-t-il, les chantiers de l'autoroute Liège-Aachen avaient besoin de transporteurs, lesquels étaient bien payés. Je me suis laissé tenter... Sans capital pour démarrer, je comptais sur les revenus des transports joints à ceux de l'entreprise d'horticulture que je poursuivais avec ma femme, pour faire face aux échéances ». Tout le matériel fut acheté à tempérament, 3 chauffeurs furent embauchés. Les factures commencèrent à s'accumuler, à n'être plus régulièrement payées.

La camionnette servant à la livraison des fleurs fut démolie dans un accident, empêchant la poursuite du commerce de fleurs. « J'ai fait tout mon possible pour en sortir, travaillant même la nuit, et il est arrivé que je ne dorme que 5 ou 6 heures sur une semaine. Malheureusement, les protêts ont commencé à s'accumuler et vers la Noël 1964, je n'ai plus pu effectuer de transports par suite du mauvais temps ». Déclaré en faillite à 27 ans, il est, peu après, condamné du chef de banqueroute simple pour absence de comptabilité régulière et retard dans l'aveu de sa faillite. Il espérait toujours « pouvoir en sortir et remonter le courant ».

3° Dans le cas que nous venons de rapporter, des circonstances atmosphériques furent mal supportées. Mais d'autres événements extérieurs, notamment des causes d'ordre financier, peuvent avoir, alliés à des « éléments personnels et interpersonnels » qui seront évoqués dans la 2ᵉ section, les mêmes effets désastreux. On lira ci-après le résumé de deux affaires très différentes, l'une tranchée par le tribunal correctionnel de Verviers, l'autre — étrangère à notre échantillon et à propos de laquelle nous ne disposons que de comptes rendus de presse — clôturée par un arrêt de la Cour d'assises du Var.

Cas judiciaire 20. — A 38 ans, au sortir de la guerre, Georges N. crée avec son frère cadet une S.P.R.L. ayant pour objet le commerce de tissus en gros. La chute brutale des prix de la laine en 1951, consécutive au boom provoqué par la guerre de Corée, met la société dans une situation difficile. Dès l'année suivante, la S.P.R.L. accuse un solde déficitaire qui va s'accentuant les années suivantes. A la faveur d'un moratoire accordé par 15 créanciers en contrepartie d'une prise de contrôle de la firme, 85 % des dettes sont payées. Pour alléger la situation de la société, le frère cadet part aux Etats-Unis après avoir apuré sa dette vis-à-vis de la S.P.R.L. Manquant de sens commercial, tolérant une comptabilité approximative, prélevant pour lui-même et son ménage des sommes excessives eu égard à la situation financière de la firme, H. mène la société à la faillite et est, à 57 ans, condamné du chef de banqueroute simple à 3 mois d'emprisonnement avec sursis de 2 ans.

Cas Paul B. (Cour d'assises du Var, 30 mai 1970). — Notaire dans le Var, Paul B. utilisait des procédés qui avaient la grande faveur du public. De caractère faible, n'osant rien refuser ni réclamer, il accordait des prêts dont les conditions étaient particulièrement avantageuses. Ainsi, l'étude consentit des prêts-relais, c'est-à-dire des avances à des promoteurs en attendant que ceux-ci obtiennent de l'argent du Crédit foncier. Lorsque cet organisme, dès 1962, restreignit les crédits à la construction, ce fut, suivant l'expression du magistrat qui eut à instruire l'affaire, « comme un coup de frein brutal qui précipite en avant les passagers d'un car lancé à une vitesse de croisière ». Au lieu de s'arrêter, B. se laissa prendre dans « l'engrenage » : soucieux que personne n'apprenne le déficit de caisse présenté par son étude, ne voulant mécontenter personne, il continua. « Il ne fallait aucune alerte, et c'est pourquoi on continuait de régler des intérêts aveuglément ». Grâce à divers expédients comptables, B. sauva la face jusqu'en 1966, sans avoir tiré aucun profit personnel des désordres et des pratiques dans lesquels il s'était complu, bon gré ou mal gré. Ses défenseurs purent ainsi dire, sans choquer, que le notaire n'avait pas failli à la morale. Il n'en fut pas moins condamné, de même que son clerc, à douze ans de réclusion criminelle (Théolleyre, 163).

4° Assurément, certaines activités sont plus que d'autres périlleuses et certains comportements dictés par un optimisme excessif peuvent muer une entreprise anodine en affaire hasardeuse.

Cas judiciaire 21. — Revenu chez lui en 1946 après sa mobilisation dans la Wehrmacht, Adolphe N., qui exploitait auparavant avec ses deux sœurs un commerce de boulangerie-pâtisserie et la ferme familiale, s'associe de fait avec un spécialiste, Louis Z., en vue de faire de l'exploitation forestière. Ne négligeant pas les risques d'une telle exploitation, les deux associés fondent deux S.P.R.L., dont tous deux sont les gérants, l'une ayant pour objet le commerce de bois, l'autre la scierie. Tous les risques étaient ainsi localisés dans la S.P.R.L. de commerce de bois, la moindre erreur, la moindre chute des cours, pouvant être fatales, tandis que l'autre S.P.R.L. représentait une valeur sûre. Alors que les deux sociétés traitaient continuellement entre elles, la première achetant du bois, le coupant, puis le faisant scier à façon par la seconde qui facturait son travail, la première enfin revendant le bois après découpe, les associés entendirent en séparer nettement le sort lorsque la faillite de la première survint. Par des jeux d'écritures, l'essentiel de l'actif de la société faillie avait été détourné par la seconde S.P.R.L., et chacun des deux associés rejetait sur l'autre la responsabilité de la gestion de fait de l'entreprise en faillite. Après l'épuisement de tous les degrés de juridiction, ils furent tenus, l'un et l'autre, pour responsables à part égale des infractions qui avaient pu être commises à l'occasion de l'exercice de leurs mandats dans la S.P.R.L., où ils possédaient les mêmes droits et les mêmes responsabilités, et condamnés tous deux à six mois d'emprisonnement avec sursis du chef de banqueroute frauduleuse et de banqueroute simple.

Cas judiciaire 22. — D'abord coiffeur pour hommes, Otto N. ouvre bientôt un salon de coiffure pour dames, devient aussi agent d'assurances et de financement, agrandit périodiquement ses installations et se trouve, suivant sa propre expression, « très endetté, sans bien s'en rendre compte ». Pendant des années, il contracte des emprunts pour en rembourser d'autres, confessant par ailleurs qu'il a beaucoup bu et s'est « fort amusé », si bien qu'il a « sombré de plus en plus ». Alléguant comme cause essentielle de sa chute la santé précaire de sa femme et de lui-même, il se refuse, contre **toute raison, à déclarer forfait, « espérant à présent pouvoir contracter un nouvel emprunt hypothécaire qui permettrait d'apurer le passif précédent ».** Il retarde aussi le remboursement d'emprunts à des personnes simples en affirmant qu'il fait un bon usage de cet argent dans ses affaires et que d'ailleurs « il en va exactement de même avec l'argent qu'avec une boule de neige : elle devient de plus en plus grosse... ». Finalement déclaré en faillite, il est, à 46 ans, condamné, pour la première fois, à 2 mois de prison, du chef de banqueroute simple.

*
* *

II. LES ÉLÉMENTS PERSONNELS ET INTERPERSONNELS

73   Les éléments situationnels d'ordre matériel ne suffisent évidemment pas pour déclencher le passage à l'acte de banqueroute. Il n'est pas possible, nous l'avons vu, de les isoler des éléments proprement humains, qu'ils soient d'ailleurs personnels ou interpersonnels.

Les éléments personnels pourront être le donné bio-psychologique individuel (la personnalité du sujet), ou le construit social individuel (le rôle assumé par le sujet) ou de classe (les éléments d'anomie). Les éléments interpersonnels consisteront dans les caractéristiques particulières des victimes d'une banqueroute.

1. Les éléments personnels

1. *La personnalité du sujet*

74   Nous avons dit au terme de quel processus complexe (*supra*, n° 42) une personne était déclarée banqueroutière : ce n'est là qu'une application, mais particulièrement claire, d'un principe fondamental, à savoir que la criminalité n'est pas un phénomène naturel, mais un phénomène culturel. « Le criminologue ne peut prétendre à lui seul isoler le crime et le criminel comme un médecin pourrait le faire d'un microbe pathogène : c'est l'ordre juridique d'un certain groupe qui détermine ce qu'est un fait punissable; c'est l'ordre social et le système pénal qui en est issu qui déterminent, par une série de filtres successifs, lesquels parmi les auteurs de faits punissables, seront poursuivis et condamnés... La recherche doit ainsi contribuer à faire disparaître une polarisation instinctive entre les pécheurs et les saints et à la remplacer par une vue de la population comme une énorme proportion de gris entre des extrêmes noir et blanc » (Vérin, 170).

Moins que toute autre, la criminalité de banqueroute, caractéristique des « honnêtes gens » (Ellenberger, 55), ne peut être le fait d'une catégorie de gens à part (*supra*, n° 3). Mais si l'on ne relève pas d'une espèce particulière d'hommes par le seul fait qu'on est poursuivi et condamné du chef de banqueroute, il n'en reste pas moins que certains traits de personnalité, liés à la prise de risques ou à la fuite apparaissent à ce moment sous un éclairage péjoratif, concordant à la reconstitution a posteriori d'une destinée criminelle. Qu'il suffise ici de rappeler l'importance qu'ils revêtent dans l'image judiciaire du banqueroutier (*supra*, n° 51 et sv.).

2. *Le rôle assumé par le sujet*

75   Dans le sens où Mead (105), le premier, a systématisé la notion de rôle, celui-ci n'apparaît que comme un élément de la personnalité qui comprendrait, à côté d'un aspect profond et personnel, le « Je » *(« I »)*, des rôles et des attitudes que l'individu a empruntés à l'entourage et qui constituent ses différents « Moi » *(« Me »)*.

Le rôle en général serait le « modèle organisé de conduites, relatif à une certaine position de l'individu dans un ensemble interactionnel. Pour le rôle *social*, ou statut en action, le modèle de conduite serait défini par le consensus des membres du groupe et posséderait une valeur fonctionnelle pour celui-ci. Pour le rôle *dramatique*, la position serait fournie par le thème de la pièce, le modèle définissant le jeu de l'acteur aurait été créé par l'auteur dramatique. Enfin, pour son rôle *personnel*, ce serait l'individu qui déterminerait lui-même sa position par rapport aux autres et agirait conformément à un modèle de conduite propre qu'il érigerait en norme des rapports intersubjectifs (Rocheblave-Spenlé, 137).

La position sociale d'un individu le définit au point que le « faire » est identifié à l'« être ». On se demandera, de

Monsieur X., non ce qu'il fait, mais ce qu'il est. Le banqueroutier, qui aura généralement connu une ascension sociale
pénible, mais qui sera finalement devenu ce qu'il voulait
« être », luttera avec l'énergie du désespoir pour conserver
intact un rôle social qu'il a eu tant de mal à construire. Et
peut-être n'est-il pas exagéré de dire que le comportement
de banqueroute du primaire[2] sera d'autant plus grave que
son rôle social est plus intact, de même que l'homicide du
primaire sera facilement, dans son exécution, plus brutal,
sans être nécessairement l'expression d'un tempérament
violent : « parfois cette sauvagerie n'est que la traduction de
la résistance intérieure du coupable qui pour arriver à
commettre son acte doit se faire lui-même une violence
inouïe et se jette à corps perdu dans la brutalité » (DE
GREFF 45).

La crainte de la perte de son rôle pourra déclencher un
mécanisme de panique. Nous en avons déjà cité plusieurs
exemples. « Qu'on se représente la disposition d'esprit de
quelqu'un qui a mené une vie plus ou moins large, qui était
indépendant, qui jouissait de l'estime accordée à un homme
aisé, et qui voit que le moment approche où tout cela pren-
dra fin, qu'il ne lui restera d'autre issue que d'accepter un
petit emploi mal rétribué, et de mener dorénavant une existence qui ne pourra le satisfaire sous aucun rapport. Qu'on
se figure aussi que le hasard le met à même de commettre,
avec une certaine possibilité de réussite, un crime. Il faudra
alors admettre que nous nous trouvons en présence de dé-
terminants très puissants qui exercent sur l'individu leur
influence dans la direction du crime » (BÖNGER 14). Voici
un exemple typique de convulsions accompagnant la perte
d'un rôle.

Cas judiciaire 23. — Julien N. est nanti d'un casier judiciaire
déjà ancien. A 9 ans, il a été déféré au juge des enfants pour vol, ce
qui lui a valu une mise à la disposition du gouvernement jusqu'à sa
majorité. Puis, à 31 ans, pendant la guerre, il a commis un vol avec

effraction, du chef duquel il a été condamné à 30 mois d'emprisonnement. Depuis, suivant les renseignements de la gendarmerie, il est « travailleur et honnête ». Ouvrier-carrossier, N. décide, à 43 ans, d'entreprendre un commerce de véhicules d'occasion et de tôlerie pour autos, en association d'abord, puis, à la mort de son associé, l'année suivante, tout seul. Il s'adjoint, en trois ans, un, puis deux, puis trois ouvriers, cependant que ses revenus annuels restent misérables. Sans disponibilités dès le départ, il signe quantité de traites au profit de ses fournisseurs, et ses charges de personnel pèsent très lourd. Il est bientôt contraint de travailler seul, cependant que les citations au tribunal de commerce s'accumulent. « Véritablement aux abois, N. s'efforce de faire face à la situation, payant partiellement tantôt l'un, tantôt l'autre ». A son fournisseur de matériel, il accorde, sur une machine livrée auparavant, une réserve de propriété qui n'avait pas été stipulée dans la convention. « Si je n'avais pas accepté de signer, explique-t-il, je pense bien que Z. m'aurait assigné et fait déclarer en faillite à ce moment-là ». Au lieu de cesser ses activités, il tient encore pendant trois ans, jusqu'au moment où un créancier l'assigne en faillite. Interrogé sur la raison d'un tel retard dans l'aveu de sa cessation des paiements, il dira qu'il « avait toujours pensé qu'il parviendrait à revenir à flot » et que, « quand on a une affaire, on y tient ». Ses difficultés se traduisent par plusieurs condamnations en chaîne : à 47 ans, non-paiement du pécule de vacances à ses apprentis; à 49, émission de chèques sans provision (1 mois); à 53 ans (en degré d'appel), faux et usage de faux, détournement d'objets saisis, banqueroute frauduleuse et banqueroute simple (3 mois d'emprisonnement). Au moment où sa débâcle est consommée, il apparaît à la gendarmerie « découragé à l'extrême, n'ayant plus aucun ressort ».

Oserions-nous ajouter que la législation de la faillite, dans certains pays, incite à conserver son rôle professionnel outre mesure. En Belgique par exemple, n'est failli que le commerçant qui cesse ses paiements et dont le crédit est ébranlé[3]. Si le commerçant, sentant que ses affaires périclitent sans avoir encore atteint la cessation des paiements, traduit le besoin d'assainissement de son entreprise par une limitation de ses signes extérieurs de richesse, troquant sa voiture de luxe contre une autre toute modeste, ne sera-ce pas là un aveu de sa situation difficile, qui ébranlera son crédit, précipitant la cessation de ses paiements? Incitant le commerçant à conserver son rôle envers et contre tout, on pourrait dire que cet aspect de la législation belge de la faillite pousse à la banqueroute [4].

Alliée à la méfiance du commerçant à l'égard des tribunaux, héritée des siècles passés (del Marmol, 47), la crainte de la perte de son rôle pourra être telle que l'état de ses affaires pourra devenir un secret incommunicable, même à ses proches. Cressey avait déjà remarqué, ches les auteurs d'abus de confiance, ce sentiment d'une impossibilité de communiquer leur problème financier aux personnes qui cependant pourraient le résoudre aisément : dominé par ce sentiment, le détenteur d'une position de confiance s'engage dans un cercle infernal dont il ne pourra sortir que délinquant (Cressey, 39). Il en est de même pour le commerçant qui ne voudra pas confier à d'autres la situation et risquer ainsi de ne plus se voir attribuer le rôle auquel il tient (Cohen, 27). Retardant l'aveu de sa situation, que la loi lui impose, il se met en position d'infraction, ce qui, à la façon d'un déserteur, l'engage à s'enfoncer de plus en plus dans une situation sans issue.

Bien sûr, tous les banqueroutiers n'ont pas été à ce point « accrochés » à leur rôle. Pour certains même, le rôle d'homme d'affaires, plus fugace, moins engagé, n'est que celui d'un acteur, et pour ceux-là perdre leur rôle ne sera pas plus douloureux que de raccrocher leur travesti au vestiaire. Ce ne seront cependant pas là des « banqueroutiers vrais » (*supra*, n° 62), mais plutôt des escrocs, banqueroutiers par accident. Ceci apparaîtra notamment de l'examen du cas suivant, où l'on reconnaîtra le portrait de l'escroc.

Cas pénitentiaire 17. — René N. est acteur de théâtre. Marié, il vit en concubinage avec une actrice divorcée. Ses premières années ont été peu heureuses, entre une mère autoritaire et jalouse et un père soumis, passif, s'adonnant à la boisson pour se consoler de ses difficultés conjugales, et d'ailleurs séparés alors qu'il avait dix ans. Lorsque la guerre éclate, il n'a pas vingt ans : c'est pour lui l'occasion d'accumuler un renvoi de l'armée pour engagement dans une légion antibolchévique, une désertion en temps de guerre, et à la libération une condamnation à 20 ans de détention pour incivisme. Libéré au bout de cinq ans, il est bientôt condamné du chef de complicité d'adultère. Dans les affaires, il se rendra coupable d'abus de confiance, d'escroqueries et finalement, à 42 ans, de banqueroute simple. Sujet à teinte hystérique, il est comédien de théâtre, mais aussi dans la vie de tous les jours : affabulateur, narcissique, il a des attitudes débonnaires, détachées ou plastronnantes, vantardes et suffisantes, ainsi que des comportements — délictueux ou non — déterminés par le besoin de paraître, de se faire valoir, ou la recherche hédonique immédiate. Ses aptitudes réelles, son haut niveau de fluidité verbale, sa faconde joviale sont autant d'instruments pour arriver à satisfaire ses besoins. Et c'est la recherche du plaisir immédiat qui l'a mené à la délinquance. En prison, il apparaît comme un personnage « haut en couleur ».

3. *Les éléments d'anomie*

76 L'anomie peut être un état individuel, ou un état objectif du milieu.

a) Le désir de changer de statut, portant le travailleur en « col bleu » *(« blue-collar »)* à atteindre une position de « col blanc » *(« white-collar »)* a été dénoncé par Merton (109) comme l'une des sources principales des *états individuels d'anomie* sécrétés par la société post-industrielle, et dont les conséquences peuvent être délictueuses. Ce souci d'ascension sociale se manifeste nettement dans l'image judiciaire du banqueroutier (*supra*, n° 49). Lorsqu'il parvient enfin au statut social dont il a rêvé, le « *blue-collar* » n'a pas nécessairement intégré les valeurs propres à la classe sociale à laquelle il accède, et sa morale en affaires ne sera pas nécessairement la même que celle qui anime sa vie familiale ou sa vie de loisirs. Il sera fort tenté, nous l'avons vu (*supra*, n° 49, b) d'avoir à cet égard une « double vie » si bien cachée que son entourage aura peine à y croire lorsque les premières poursuites pénales la feront éclater. Voici deux cas, le premier à titre de démonstration, le second de contre-démonstration.

Cas pénitentiaire 18. — Accommodant, naïf même, Emiel N. est issu d'une famille aisée : père grossiste, deux enfants. Après avoir fréquenté l'enseignement moyen inférieur puis, pendant trois ans, l'école du soir, il se marie à 24 ans. Chauffeur, il désire se hisser à un meilleur statut et gagner davantage. Tirant parti de la bonne considération dont il jouit à l'égal de sa famille, il devient agent d'assurances. La famille ne manque de rien : à la villa, aux deux voitures s'ajoutent d'autres maisons, et l'on commence à vivre au-dessus de ses moyens. En contact avec des gens menant grand train, il commence à mener lui aussi la « grande vie » en dehors de sa petite commune de Flandre et à l'étranger, où les « affaires » l'appellent (à l'insu de sa femme). Il parvient ainsi à sauvegarder la confiance dont il jouit. Après sa déclaration de faillite, son entourage ne veut pas encore croire à la malhonnêteté du « petit Emile », considéré comme la victime des grands brasseurs d'argent avec qui il collaborait. Sa famille est à présent sur la paille, et l'épouse a trouvé un emploi de femme d'ouvrage en ville, où la famille déménagera lors de la libération de N.

Cas judiciaire 24. — Fils de fermiers, Marcel N. a d'abord exploité une petite ferme, puis s'est fait marchand de bestiaux. Adepte de la fraude douanière, il fait rapidement fortune, tout en accumulant des condamnations du chef de : diffusion de faux dollars américains, faux et usage de faux (à 37 ans), transports de porcelets sans documents dans le rayon de la douane, corruption d'une personne chargée d'un service public. Lourdement taxé pour les gros bénéfices qu'il avait réalisés durant la guerre, il est mis en faillite, à 44 ans, et vit dès lors dans un état permanent d'insolvabilité, qu'il paraît, par réaction, décidé à entretenir. Installé comme entrepreneur de constructions, il ne tient aucune comptabilité et court derechef à la faillite, à 53 ans. La profession qu'il déclare alors est « rentier ». Deux ans plus tard, il est condamné à 5 ans d'emprisonnement du chef de banqueroute simple. Sa carrière s'est entretemps ornée de multiples délits de chasse (engins prohibés), outrages, injures, coups, blessures involontaires. Son épouse lui reproche surtout d'avoir manqué d'habileté.

b) Peut-être d'ailleurs convient-il de situer le problème à un autre niveau d'anomie, celui d'un *état objectif du milieu* où vit l'individu. Pour Durkheim (54), le facteur anomique entre en jeu « lorsque les normes de la société sont bouleversées par des changements brutaux survenus à l'intérieur de cette société. En temps de prospérité ou de misère extrêmes, par exemple, le taux de suicides augmente. Dans les deux cas, le rapport entre les fins et les moyens est perturbé. En cas de misère soudaine, les moyens de parvenir aux fins disparaissent; en cas de prospérité soudaine, l'individu atteint ses fins sans avoir à employer les moyens habituels. Dans le premier cas, il y a frustration directe et immédiate; dans le deuxième cas, il y a débordement des appétits, phénomène qui doit tôt ou tard se solder par une frustration. Ces deux situations ont en commun l'absence de définition précise des fins envisagées ».

A. Davidovitch (40), dans son étude sur l'émission de chèques sans provision, prodrome classique de la banqueroute, a cherché l'explication du phénomène au niveau de masse, dans la structure anomique de la classe moyenne elle-même. Il considère que les chèques sans provision sont essentiellement le fait de certaines fractions des classes moyennes. Or, « les classes moyennes représentent un secteur de la société où s'effectue un perpétuel brassage entre les couches sociales : un mouvement continuel de va-et-vient entre, d'une part, des gens qui tendent à monter vers les sphères élevées de la société et, d'autre part, des gens qui glissent vers le bas et cherchent à freiner la rapidité de leur chute ».

« Ce qui caractérise donc ces fractions des classes moyennes, c'est le fait d'être constituées par des couches sociales dont les composantes n'ont pas toujours eu le temps de se souder les unes aux autres. C'est de ne pas pouvoir constituer, par essence, un groupe bien intégré. La fameuse « anomie » de Durkheim, c'est ici qu'elle se manifeste dans toute sa rigueur, car des fractions entières de ces classes sont anomiques par définition et sont composées d'individus qui souffrent pour ainsi dire d'inadaptation chronique, de sorte que leur comportement individuel ne fait que refléter l'inadaptation fonctionnelle des fractions de classe sociale dont ils font partie. Cette inadaptation est une conséquence nécessaire de notre système économique. »

*
*   *

2. Les éléments interpersonnels

77   La banqueroute n'est pas un crime qui met en présence un criminel et une victime. Le « couple pénal » est ici constitué d'un auteur et d'une foule de victimes, plus ou moins anonymes, sans autre lien entre elles que d'être intégrées dans la « masse » de la faillite lorsque celle-ci aura été déclarée[5]. On n'est pas loin du « crime sans victime » auquel E. Schur (143) a consacré un remarquable ouvrage. A tout le moins, les créanciers, victimes d'un tel crime, hésiteront à se plaindre : à quoi bon ? Même si les amendes sont personnelles et que les frais de la poursuite pénale ne peuvent en principe être mis à charge de la faillite[6], une poursuite pénale ne fera peut-être, se diront-ils, que compromettre davantage une récupération de dette déjà fort aléatoire. Le curateur lui-même (*supra*, n° 42) sera souvent découragé devant le faible écho que trouveront ses remarques dans certains Parquets, peu sensibilisés aux affaires commerciales (Schultz, 141).

Mais ce n'est pas avant tout le faible risque objectif d'être poursuivi et condamné, résultant de la dispersion des victimes, qui sera déterminant dans le passage à l'acte : c'est plutôt leur éloignement [7]. « L'homme paraît ainsi fait qu'il lui est bien plus facile de se comporter conformément aux commandements de la morale et du droit s'il se trouve en face d'un autre homme, et surtout s'il connaît personnellement son partenaire. Les événements sur nos routes témoignent qu'il a bien de la peine à se comporter conformément aux prescriptions légales à l'égard d'un inconnu. Il lui est, paraît-il, d'autant plus difficile de respecter les limites que la loi a fixées, qu'il est aux prises avec l'Etat. C'est un phénomène analogue qui donne bonne conscience aux voleurs de grands magasins » (Schultz, 141). « De même qu'à la guerre, tuer de loin et en masse, éloigne l'idée de l'homicide, ainsi dans les grands centres, ruiner de loin, à l'aide d'escroqueries, ou par la banqueroute, une énorme quantité de personnes, ne semble pas tellement un crime, même à beaucoup de gens timides » (Joly, cité par Lombroso, 101).

L'opinion publique elle-même, scandalisée lorsque le grand public sera touché, par exemple par la ruine d'une société d'assurances, se préoccupera d'ailleurs peu d'une faillite frauduleuse dont l'Etat, ou l'Office national de sécurité sociale, ou quelque organisme parastatal, est le premier créancier. Elle sera peu touchée même par une banqueroute qui lèse d'autres commerçants : ce sont là affaires de gens du même bord, parfois victimes de leur appât du gain. Se sentira-t-elle même concernée par des cas qui paraissent se dérouler en famille, aussi secrètement qu'un inceste? Tel le cas suivant.

Cas judiciaire 25. — Après ses humanités, Pierre N. est

devenu employé de banque, puis, à 34 ans, agent de change ayant accès seulement à une bourse de province. A 60 ans, il vivait encore modestement, avec sa femme et son chat, et ne semblait vivre que pour son travail, ne sortant que rarement et n'ayant de joie réellement exprimée que lors de la visite — le dimanche surtout — de ses petits-enfants. Malgré cette « vie régulière et rangée » — suivant l'expression du Parquet —, il s'était, dans sa profession, lancé dans des opérations frauduleuses. Il avait vendu des valeurs qui lui avaient été confiées, avait joué à la bourse, avait recommencé sans plus de succès et s'était enferré dans une situation sans issue. Selon lui, c'est au moment des fluctuations des valeurs congolaises qu'il avait creusé un premier trou qu'il avait ensuite agrandi en essayant de le combler. S'il avait pu durer si longtemps sans être vraiment inquiété, c'est parce qu'il payait les coupons venant à échéance, comme s'il possédait encore les titres et attendait un moment favorable pour les réaliser dans l'intérêt du client. A la fin, il avait dû recourir à des emprunts assez considérables pour rembourser des clients qui se montraient trop pressants. Déclaré en faillite à 64 ans, il est arrêté, condamné à 3 mois d'emprisonnement du chef de banqueroute simple, abus de confiance et infraction à la réglementation sur les agents de change. Il meurt d'ailleurs peu après. Sa clientèle était constituée presque exclusivement de personnes âgées, pensionnées pour la plupart, souvent célibataires, s'intitulant parfois « propriétaires », dont il avait reçu les économies : méfiance à l'égard des organismes bancaires, de l'Etat ou des parastataux; désir de ne pas mettre leurs revenus au grand jour; attrait peut-être des petits profits qu'ils pourraient faire échapper au fisc (l'agent de change était en relation d'affaires avec une banque étrangère). A l'audience, on vit défiler ces personnes qui avaient entendu confier leur « bas de laine » à un « ami fidèle » qui seul pouvait en connaître l'existence. L'une des plus vindicatives, née en 1888, connaissait N. depuis sa jeunesse. Lors d'une de ses dernières visites pour réclamer ses valeurs, 3 ou 4 jours avant la déclaration de faillite, elle était intervenue plus énergiquement auprès de N. et elle lui avait même dit que cette affaire ne lui paraissait pas très régulière et qu'il devait y avoir un voleur quelque part...

La banqueroute constitue ainsi un très beau champ d'investigation en fait de « victimologie ».

*
* *

III. LE MÉCANISME DU PASSAGE À L'ACTE

78 Confronté à une situation difficile, l'individu va réagir d'une certaine façon. La banqueroute sera, à sa manière, un mécanisme d'adaptation pour tenter de sortir de l'impasse, en s'y enfonçant d'ailleurs davantage.

Pour Bonger (14), le crime que commettra le commerçant aux abois dépendra essentiellement du hasard : « Un banquier, par exemple, détournera des dépôts d'argent, un autre trompera les compagnies d'assurance en mettant le feu à ses installations, etc. Ces crimes diffèrent beaucoup pour le juriste, mais pour le criminaliste[8], il importe peu d'examiner de plus près ces différences ».

79 En réalité, ces différents modes de réaction, loin de représenter des alternatives, se cumuleront souvent, entraînés par une sorte de « tourbillon », où l'on retrouvera des faux — et leur usage, qui en est la suite logique[9] —, des escroqueries, des abus de confiance, des chèques sans provision, non moins que des infractions traduisant la nervosité devant la perspective de la perte de son rôle : coups et blessures involontaires, ivresse au volant, injures et outrages, délits de fuite.

Sans doute convient-il de préciser que ce que nous décrirons comme un mécanisme du « tourbillon » au niveau du passage à l'acte n'est, pas plus que les observations que nous avons pu faire aux autres niveaux d'interprétation de la banqueroute, applicable à la banqueroute « organisée » dont la Mafia a fait, ces dernières années, aux Etats-Unis, l'une de ses ressources les plus importantes, (*infra*, nº 85). La banqueroute « organisée » n'est qu'un procédé d'escroquerie parmi d'autres, avantageux surtout parce qu'il rapporte rapidement de très grosses sommes. Elle est comparable, dans une certaine mesure, à la « carambouille », qui consiste à acheter des marchandises à crédit, sous le couvert d'une entreprise de façade, pour les revendre aussitôt, le plus souvent au-dessous des cours, et s'esquiver ensuite, le bénéfice réalisé, laissant derrière soi une faillite sans le moindre actif (*infra*, nº 87). Nous avons nettement souligné (*supra*, nº 62) le départ qu'il fallait faire entre l'escroc et le banqueroutier « vrai » : c'est de ce dernier seul, qui représente encore les 9/10 des cas de banqueroutiers en Europe, qu'il sera question ici.

C'est à dessein que nous avons choisi une image « aquatique » (celle d'un tourbillon) du mécanisme du passage à l'acte de banqueroute, de préférence à une comparaison à un « engrenage » par exemple, utilisée notamment dans l'affaire du notaire Paul B., citée plus haut (nº 72). C'est qu'en effet, ce genre de comparaisons sont légion dans les dossiers que nous avons consultés, non moins d'ailleurs que dans les travaux préparatoires de certaines lois sur la faillite. Lors de son exposé à la Chambre des communes, de l'objectif du « *bill* » qui devait devenir la loi anglaise de 1883, Chamberlain, Président du *Board of Trade*, avait dit, par exemple : « Le législateur doit s'efforcer de diminuer le nombre de naufrages et de protéger le sauvetage ».

Dans les dossiers judiciaires et pénitentiaires que nous avons consultés, on trouve fréquemment dans la bouche des faillis des expressions qui évoquent une noyade : à côté de formules telles que les « abois », la « débâcle », l' « agonie commerciale », etc., on rencontre des images telles que : « se maintenir à flot » ou « revenir à flot », « renflouer », « remonter le courant », « se rattraper », « s'enfoncer », « sombrer ». Et, si le président du *Board of Trade* pensait avant tout aux créanciers que transportait le navire, le failli, lui, pensera davantage au capitaine qu'aux passagers.

80   Le mécanisme du tourbillon est très caractéristique de la banqueroute. Certains auteurs allemands ont qualifié les conduites de crise par lesquelles le failli cherche avant tout à gagner du temps, de « comportements convulsifs » *(« Krampfhandlungen »)* (Zirpins et Terstegen, 180). La solution n'est pas ici une « décharge » comme, par exemple, pour l'incendiaire [10], ou l'homicide par « impulsion » [11]. Ici, la « solution » est lente, douloureuse, sans issue. Sans autre issue en effet que de retarder l'irrémédiable, en l'aggravant. Nous avons déjà pu comparer le mécanisme du passage à l'acte de banqueroute à celui de la désertion qui, sitôt consommée, devient elle-même un état dangereux prédélictuel, état dont le danger croît avec la durée de la désertion : le déserteur se trouve enfermé dans un cercle infernal. Plus il attend pour faire sa soumission, plus il craint de rentrer par peur des sanctions. Passé un certain délai, et si de plus certaines infractions de droit commun sont venues s'ajouter à la désertion, le déserteur se durcit, et finit par échapper à toute influence des cadres de l'Armée (Colas, 28).

Comme dans la désertion, l'altération de la personnalité, que De Greeff (45) a décrite comme un préalable au passage à l'acte homicide, se produit ici au cours du passage à l'acte, long, hérissé d'infractions. La lutte, interminable, se situe ici moins avant l'infraction qu'au cours de l'infraction. Il en est de même, par exemple, pour la victime d'un chantage, qui a eu le malheur de mettre le doigt dans l'engrenage, en cédant une première fois aux injonctions du maître-chanteur. La différence essentielle entre ces deux situations réside évidemment dans le fait que celui qui « chante » n'est pas seulement victime de ses propres actes — qui ont justifié le chantage — mais du chantage lui-même, qui est le fait d'autrui. La lutte n'est dès lors pas dirigée contre soi-même, mais contre autrui. Alec Mellor l'a comparée à un duel à mort, se clôturant par une mort violente, homicide ou suicide (Mellor, 106).

Dans les banqueroutes « vraies », la lutte se traduit par un « feu d'artifice » criminologique, dont la justice perçoit, soit successivement différentes flammèches, soit en une fois toute la gerbe. Dans le premier cas, les condamnations se succèdent, à un certain stade de la carrière du banquerou-tier, à un rythme étrange, s'agglutinant, se pelotonnant sur le schéma de la carrière. Dans le deuxième cas, l'explosion est perçue en une fois, les inculpations sont multiples, la condamnation unique. Outre les deux derniers cas dont le « criminogramme » a été présenté *supra*, n° 66, voici quel-ques exemples qui illustreront ces deux possibilités.

Cas judiciaire 26. — Déclaré en faillite une première fois, à 31 ans, Emile N. subit, au cours des deux années suivantes, deux condamnations pour émission de chèques sans provision qui doi-vent être rattachées à cette faillite. A 34 ans, il s'installe comme garagiste-carrossier, dans une autre région. Sans capital au départ, il loue les bâtiments qu'il occupe et entreprend d'onéreuses trans-formations. Négligent et incapable de diriger une affaire, N. connaît ses premières difficultés lorsque certains de ses clients restent en défaut de le payer. Il les assigne devant le tribunal de commerce mais se trouve lui-même, entre-temps, dans l'impossibi-lité de payer certains de ses créanciers, car il ne dispose d'aucune réserve. Ses ouvriers l'abandonnent. Seul pour travailler, il est victime d'un accident qui l'immobilise, puis subit une « dépression nerveuse » qui prolonge son incapacité. Il décide alors de « repren-dre le dessus », embauche trois ouvriers, réalise des bénéfices, mais est mis en faillite alors qu'il vient d'émettre deux chèques post-datés, non provisionnés au moment de leur création, mais qui devaient l'être au moment de leur présentation, à la suite d'une vente prévue pour les jours suivants. Le bénéficiaire du chèque ne se présente d'ailleurs pas pour l'encaisser, estimant « que les inten-tions de N. étaient bonnes, et qu'il convenait dès lors de lui éviter des ennuis supplémentaires ». Il est néanmoins condamné, à 36 ans, à quelques mois de distance, du chef de non-paiement de

cotisations pour vacances annuelles de ses ouvriers, de banqueroute simple et d'émission de chèques sans provision[12].

Cas pénitentiaire 19. — Natif des Pays-Bas, Jacobus N. est
garagiste, cependant que son épouse tient une auberge. Présomp-
tueux, indolent, inconstant, ayant une disposition mythomaniaque
à entreprendre des projets prématurés, il s'occupe de commerce de
véhicules d'occasion et se trouve, à 48 ans, en état de cessation des
paiements. Aux abois, il emploie pour se maintenir à flot une série
de procédés tels que la vente pour son propre compte de véhicules
qui lui ont été confiés, l'encaissement du montant de timbres
fiscaux cependant que les factures sur lesquelles ils auraient dû
être apposés ne sont pas dressées, enfin l'émission de chèques
sans provision en paiement de véhicules. Au moment où, l'année
suivante, il est déclaré en faillite, il a déjà abandonné son
commerce depuis plusieurs mois, et a déjà été condamné du chef
de non-paiement de sa taxe de circulation, d'émission de chèque
sans provision et d'abus de confiance. La déclaration de faillite est
suivie d'une nouvelle série de condamnations : en moins d'un an,
par cinq jugements séparés, il est condamné du chef de détournements, banqueroute simple et émission de chèques sans provision.

Cas pénitentiaire 20. — Comme son père et son frère, Urbain
N. est commerçant en bières, vins et liqueurs. Froid sur le plan
affectif, « risqueur » de tempérament, sûr de lui, alerte, il boit
beaucoup, vit sur un grand pied. A 29 ans, il est déclaré en faillite.
Deux ans auparavant, il a été condamné du chef de contrefaçon de
certificats d'origine, et l'année précédente, outre un accident avec
coups et blessures, du chef de tromperie sur la qualité de la chose
vendue et de falsification de denrées alimentaires. La même année,
il est condamné pour transport illégal d'alcool et infraction en
matière d'accises, l'année suivante, à deux ans d'emprisonnement,
du chef de banqueroute frauduleuse, banqueroute simple, abus de
confiance, détournement d'objets saisis et émission de chèques
sans provision. Il avait notamment détourné la majeure partie de
son actif en le revendant à son frère et à des membres de sa famille
et fait échapper certains objets à sa comptabilité, après avoir mené
son entreprise à la ruine notamment par ses dépenses excessives.

Cas pénitentiaire 21. — Issu d'un excellent milieu, doté d'une

« éducation parfaite », Henri N. est notaire dans une ville importante. Il est très faible de caractère et manque de volonté, ce qui explique dans une certaine mesure que, à peine nommé, il s'acoquine avec des agents d'affaires, qu'il rémunère par commissions. Il se lance ainsi dans de dangereuses spéculations immobilières, achetant des terrains, souscrivant des emprunts hypothécaires, faisant construire des appartements qu'il vend, le tout sous le nom de tiers, ce qui lui permet au surplus d'encaisser les frais des actes au titre de notaire instrumentant. L'ampleur de ces opérations ne permet pas à N. de suivre d'assez près les constructions, si bien qu'il doit subir retards, malfaçons, irrégularités, qui le forcent à souscrire des emprunts à des taux usuraires. Ludovic Z., ami intime de N. de son état secrétaire privé et bibliothécaire d'une abbaye, avait été jusque-là l'un des prête-nom nécessaires pour permettre à N., de réaliser des affaires interdites à un notaire. D'abord prêteur de signatures purement fictives, il s'était bientôt intéressé partiellement à certaines opérations, et notamment à la constitution de sociétés fictives qui toutes tombèrent en faillite, laissant un passif fort lourd. Pour tirer N. d'affaire au bord de la faillite, il signe de fausses reconnaissances de dettes pour un montant de 10 000 000 de F.B. N. et Z. sont déclarés en faillite, à 42 ans. L'un et l'autre sont ruinés. Malgré une santé fort compromise, l'épouse de N. s'engage comme employée de magasin. N. est condamné, à 44 ans, à 5 ans d'emprisonnement, du chef de banqueroute frauduleuse, faux et usage de faux, infractions au tarif des notaires, Z. à 7 mois d'emprisonnement, du chef de banqueroute frauduleuse et faux en écritures.

Cas pénitentiaire 22. — Si l'on excepte des condamnations mineures en matière de circulation routière et de protection du travail, Lionel N. jouit encore, à 60 ans, d'un casier judiciaire vierge. Après avoir été représentant, puis grossiste en constructions préfabriquées, il a constitué, à 56 ans, avec d'autres personnes parmi lesquelles sa concubine, une S.P.R.L. ayant pour objet le commerce de produits laitiers. Moins de deux ans après, la société fut déclarée en faillite. Il apparut de l'enquête que plusieurs faux en écritures avaient été commis dans l'acte constitutif (libération du capital par des versements fictifs, etc.) puis dans la comptabilité (omission du bénéfice d'opérations réalisées « en

noir », inscription de dépenses fictives), enfin dans l'état de situation comptable destiné aux associés (affirmant un solde bénéficiaire alors qu'il était à ce moment déjà largement déficitaire). N.
avait en outre détourné une partie de l'actif, obtenu des livraisons
au moyen de chèques sans provision ou de titres sans valeur,
détourné des sommes dont il était dépositaire pour le compte d'une
laiterie. Il est, à 63 ans, condamné à une peine d'un an d'emprisonnement du chef de faux et usage de faux, banqueroute frauduleuse,
banqueroute simple, escroqueries, abus de confiance et émission
de chèques sans provision.

Parler de récidivistes dans les trois premiers cas, de
primaires dans les deux derniers, serait partiellement ortho-
doxe d'un point de vue juridique. La distinction ne trouve
aucun support criminologique en matière de banqueroute
(*supra,* n° 68). Sans doute les premiers donnent-ils l'apparence d'une carrière criminelle. Mais la réalité est différente : les uns et les autres ont connu le même « tourbillon »
d'infractions, et la seule différence apparente entre eux
résulte d'une différence de traitement judiciaire, les uns
ayant connu condamnation sur condamnation dans une
même affaire qui ne s'est présentée que par tranches à la
justice, les autres ayant fait l'objet d'une instruction plus
approfondie qui a révélé, en une fois, toute la complexité
des rétroactes et des circonstances d'une même faillite. La
récidive peut n'être que l'épiphénomène d'un état qui per-
dure, hérissé d'un passage à l'acte complexe.

NOTES du chapitre IV

[1] Voyez à la fin de l'ouvrage le texte des principales dispositions de droit belge et français applicables à la banqueroute.

[2] Le primaire, par opposition au récidiviste, est celui qui est condamné ou incarcéré pour la première fois.

[3] L. du 18 avril 1851, art. 437, al. 1.

[4] Cette idée nous a été aimablement suggérée par P. Coppens.

[5] Sans doute pourra-t-on avoir affaire, exceptionnellement, à une victime individuelle, dans le cas de rapports commerciaux exclusifs avec un fournisseur, à qui le commerçant paye, par exemple, l'ensemble de sa production annuelle au moyen d'un chèque non provisionné (cette hypothèse nous a été suggérée par A. Davidovitch).

[6] Voy. par exemple L. du 18 avril 1851, art. 581.

[7] L'éloignement des victimes est d'ailleurs parfois une condition de réussite, dans le cas d'une banqueroute « organisée » : voy. l'affaire Bécotte au Québec, *supra*, n° 6.

[8] Nous dirions aujourd'hui criminologue, en réservant l'appellation de criminaliste au spécialiste de la procédure pénale, et de pénaliste au spécialiste du droit pénal.

[9] La Cour de cassation belge admet dès lors que le faux et l'usage de faux commis par une même personne ne forment, eu égard à l'unité d'intention qui les lie, qu'une seule infraction : Cass., 11 janvier 1960, *Pasicrisie*, 1960, I, 523.

[10] Cf. le cas de Jacques R., gardien d'une entreprise qui, dans un obscur besoin de vengeance ou de défi, y met le feu. Après son acte, il « présenta à ceux qui le virent, et notamment aux enquêteurs, l'image d'un homme comme soulagé et presque satisfait. Et pour la première fois depuis longtemps il connut en prison un sommeil calme et profond » : K.C., « Les idées fausses d'un incendiaire », *Le Monde*, 28 mai 1970, 12.

[11] Dans les crimes de sang « par impulsion », les auteurs « semblent agir sous l'effet d'une poussée interne qui les porte aveuglément à une violence sans réflexion, ni crainte, ni même prévision des conséquences de leur acte. Ils ont « vu rouge », puis se désespèrent de ce qu'ils ont fait. Souvent la dépense nerveuse, brutale, a été telle que le meurtrier s'endort auprès de sa victime après la décharge fatale : Vernet (171).

[12] Les chèques sans provision émis par des « banqueroutiers vrais » au sens que nous avons précisé, peuvent être, dans une certaine mesure, assimilés à ce que E. Lemert (97), par opposition aux « faux chèques systématiques », nomme les « faux chèques naïfs », commis par des personnes dépourvues de casier judiciaire et qui trouvent, dans l'imitation de la signature du conjoint par exemple, la solution, à portée de la main, à un besoin d'argent perçu comme *impérieux* — par exemple, de la part d'une personne, même bien éduquée et rentée, qui s'est engagée dans une série d'achats répondant à la satisfaction de besoins qui appelaient, selon elle, une satisfaction immédiate.

CHAPITRE 5

ORIENTATIONS DE PROSPECTIVE

81 La banqueroute de type européen apparaît encore comme une criminalité occasionnelle. Pour le failli entraîné dans un tourbillon d'infractions, la faillite est un échec. Mais la banqueroute peut adopter des formes moins accidentelles, plus parasitaires, où la faillite n'est plus redoutée, mais recherchée comme le résultat à atteindre : en pareils cas, la faillite signe le succès d'une variété d'escroquerie. On ne peut passer sous silence le risque que la banqueroute européenne évolue, elle aussi, vers ces formes parasitaires.

I. PROSPECTIVE ET SITUATION AMÉRICAINE

82 G. Berger (10) a dit avec humour : « On ne voit pas très bien où l'on va, mais on y va vite ». En criminologie, « les pressions de l'actualité sont telles que les chercheurs sont contraints d'accepter de travailler dans la précipitation et d'abandonner la rigueur scientifique, et que le législateur ou l'administrateur n'attend pas toujours de connaître les résultats des recherches pour prendre les mesures qu'il juge nécessaires. Aussi les criminologues seraient-ils bien inspirés de chercher à prévoir les problèmes susceptibles de prendre de l'importance dans les années à venir » (Vérin, 170).

C'est là l'objet essentiel de la réflexion prospective. Dans l'ouvrage consacré aux « étapes de la prospective » par le Centre d'études prospectives [1], il est rendu compte des réflexions du Comité 1985, dont la mission a été la suivante : « étudier sous l'angle des faits porteurs d'avenir ce qu'il serait souhaitable de connaître dès à présent de la

France de 1985 pour éclairer le Plan». Comme l'écrit
J. Susini (151), «c'est là une démarche significative. On
prospecte et on utilise dans l'immédiat la force de persua-
sion des probabilités pour créer, par la volonté, un certain
avenir consacré aux conditions de vie de l'homme. On organise donc un certain dialogue avec le futur. On refuse
d'être toujours surpris, dérangé par l'avenir. On s'attend à
de l'avenir. On ne le considère plus comme un trouble
possible du présent. Il ne s'agit ni de prophétie, ni de prévi-
sionnisme monodimensionnel, ni d'action autoritaire sur
l'avenir».

La recherche prospective en criminologie est encore
fort pauvre (Vodopivec, 173), et cela résulte sans doute de
la difficulté de prédire — «surtout l'avenir», comme l'a dit
un humoriste danois (Jepsen et Pal, 80). En Europe, il existe
peu de choses, à part des recherches en cours dans certains
pays scandinaves, en Angleterre et en France (Rengby,
133). Et, dans le domaine de la banqueroute, une prospective appropriée résultera sans doute moins de l'analyse des
coordonnées de la criminalité européenne actuelle et de leur
projection dans l'avenir, que de l'étude du modèle américain que suit de plus en plus la vie des affaires.

83 L'hypothèse de recherche prospective la plus générale
en criminologie a été suggérée par J. Pinatel (124), qui estime que la criminalité connaîtra en Europe une évolution
analogue à celle que l'on a observée aux Etats-Unis : violence parmi les jeunes, toxicomanie, inadaptation des immi-
grants, développement de la criminalité organisée.

Si la réalité que nous allons évoquer paraît, pour l'instant, relativement éloignée du contexte européen, sa des-
cription présente au moins l'avantage de mettre en garde
contre la pénétration de formes de criminalité nouvelles
contre lesquelles de simples projections statistiques de tendances actuelles de la criminalité en Europe laissent les
responsables de la politique criminelle désarmés. Nous en

décrirons les caractéristiques, après avoir, au préalable, donné un aperçu général de la situation de la faillite aux Etats-Unis.

II. FAILLITES ET BANQUEROUTES AUX ÉTATS-UNIS

84 Le droit de la faillite aux Etats-Unis a reçu dès 1800 de nombreux apports de la législation anglaise de l'époque, et encore actuellement la base de la législation est la même dans les deux pays. « L'originalité du droit de la faillite américain s'est manifestée, notamment, dans trois domaines particuliers : l'assimilation des commerçants et des non-commerçants fut réalisée aux Etats-Unis dès 1841 alors qu'elle ne fut définitive en Angleterre qu'en 1861; la loi américaine introduisit la première l'obtention de la « décharge » sans l'accord des créanciers; un troisième point lui est propre : elle s'applique non seulement aux personnes physiques, mais également aux personnes morales *(corporations)* » (del Marmol, 46).

Le droit américain de la faillite est régi par la loi du 1er juillet 1898 formant le titre XI *(« Bankruptcy »)* du Code des Etats-Unis (U.S.C.A.). Les modifications de cette loi, et particulièrement le *Chandler Act* du 22 juin 1938, ont eu pour objet essentiel d'accroître la protection et les possibilités de relèvement du failli, qu'il soit commerçant ou non (Johnson, 82).

Dans la pratique, la proportion de faillites de non-commerçants est impressionnante, au point qu'on a pu parler d'une *« personal Bankruptcy explosion »* (Dix, 51). En 1940 par exemple — les années sont les exercices fiscaux, qui se terminent le 30 juin —, on comptait 13 248 faillites dans le domaine des affaires, ce qui représentait 25,3 % du total des faillites; en 1967, on en comptait 16 600, mais cela ne représentait plus que 8 % de l'ensemble des faillites : 191 729 faillites, soit 92 %, étaient le fait de non-commerçants. La croissance inquiétante de la faillite des non-commerçants a été le résultat d'une lente évolution, qui s'est encore confirmée depuis. Elle est due à l'emprise des ventes à tempérament et, plus généralement, de la vie à crédit, qui est devenue un élément de l' «*American way of life* ». Entre 1938 et 1967, le volume du crédit au consommateur est passé de quelque 4 billions à 80 billions de dollars.

Le « scandale de la faillite personnelle » aux Etats-Unis, les commerçants en sont évidemment largement responsables, lorsqu'ils font crédit à des consommateurs qui sont connus comme de « mauvais risques » : ce sont souvent des gens en instance de divorce ou divorcés, de revenus modestes, incompétents dans la gestion de leur budget, parfois en chômage, parfois débiles mentaux ou extravagants (Phalon, 121). Ils savent d'avance que les lois sur les faillites leur offriront un refuge en leur permettant d'opter, soit pour la solution des paiements échelonnés, qui éponge intégralement leur passif, soit pour une faillite volontaire avec abandon de biens.

Dans la deuxième hypothèse, le débiteur failli peut être personnellement libéré de ses dettes certaines s'il obtient du tribunal une ordonnance de décharge *(order of discharge)*. Comme les conditions d'octroi de cette décharge sont beaucoup plus libérales aux Etats-Unis qu'en Angleterre, et que l'abandon de biens ne porte pas sur les éléments de l'actif que la législation, plus ou moins libérale, de l'Etat, considère comme « nécessaires », les créanciers se trouvent, dans 63 % des cas, devant une assiette vide (Dolphin, 52).

Sans doute la « décharge » ne joue-t-elle pas nécessairement en faveur des débiteurs. Elle n'est vraiment favorable qu'aux plus roués d'entre eux. Les autres sont la proie facile de créanciers qui profitent de ce que la portée de la « *discharge* » n'est pas précisée dans la décision qui l'accorde, ce qui permet des abus dont on a pu dire qu'ils

aboutissaient à un « travesti de justice ». D'autres commerçants ou prêteurs, tenant compte du fait qu'une décharge ne
peut être obtenue que tous les six ans, guettent les faillis de
fraîche date. Mais, plus souvent, une faillite permet de
réaliser une « bonne affaire », à recommander aux amis. Elle
peut être aussi une menace en mains des débiteurs; témoin
la campagne menée en 1968 dans les ghettos noirs afin que
les membres de la communauté noire se débarrassent de
leurs créanciers par des demandes de faillite en masse.

85 Comme le droit anglais, le droit américain ne connaît
pas à proprement parler des « banqueroutes », mais des
infractions en matière de faillite, telles que : le faux serment,
les différents modes de soustraire des éléments d'actif, la
soustraction de livres et documents (del Marmol, 46). Si le
« scandale » des faillites est surtout le fait de consommateurs, les équivalents de la banqueroute sont essentiellement
le fait d'hommes d'affaires. En 1931 déjà, la Commission
Wickersham, chargée d'une étude sur le coût du crime
aux Etats-Unis, considérait comme « un fait connu » qu'un
nombre substantiel des faillites d'affaires étaient frauduleuses : « Les difficultés de déterminer le volume de faillites
frauduleuses dès le départ ou dans la gestion de la masse
sont considérables, et il n'a pas été possible de se risquer à
une évaluation des pertes dues à ce genre de faillites. Il est
certain, cependant, que ces pertes sont très élevées ».

Parmi ces banqueroutes d'hommes d'entreprise, on
peut distinguer, comme en Europe, des banqueroutes
« vraies » et des escroqueries à la faillite (*supra*, n° 62). Les
premières se caractérisent avant tout par un passage à l'acte
en « tourbillon » (*supra*, n° 79). L'homme d'affaires commet
des fraudes pour se maintenir à flot, pour pouvoir continuer
son entreprise. Il pourra préférer échapper à la ruine par des
fraudes à l'assurance, telles qu'un incendie volontaire du
siège de l'entreprise. La faillite, dans ces cas, demeure un
échec, que l'on essaye de circonscrire par tous les moyens,

dans un pays où un échec en affaires est sans doute plus douloureusement ressenti que partout ailleurs.

Dans l'escroquerie à la faillite, en revanche, la faillite est recherchée en tant que telle. Depuis les années 60, le crime organisé[2] a trouvé dans la faillite de type américain une ressource nouvelle, qui remplace avantageusement les bénéfices de la contrebande d'alcool aux lointaines époques de la prohibition, et qui s'ajoute, par exemple, au jeu et à la prostitution (Ruth, 139). La faillite devient, dans les mains de professionnels du crime, un ingrédient d'une « recette » pratiquement infaillible et sans grand danger, ce qui explique sans doute l'appellation argotique de « scam » — de « scheme », « ruse », « combine » — (Green, 65) donnée à ce genre d'opérations par le Milieu de Chicago[3].

En 1964, la section financière de la police fédérale américaine estimait à quelque 200 par an le nombre de «faillites organisées» de ce genre (Kossack, 92). Les acteurs en sont des personnes dépourvues de casier judiciaire, mais connues pour avoir d'étroites relations avec la pègre. Le scénario qu'ils suivent comporte en général trois étapes. Au cours de la première étape, on fonde une société dotée d'un confortable compte en banque approvisionné par le « syndicat du crime », que l'on installe dans une bâtisse imposante, donnant ainsi toutes les apparences d'une firme de confiance. Deuxième étape : grâce à ce crédit de façade, on obtient d'énormes quantités de marchandises, que l'on paye intégralement la première fois, à 50 ou 75 % par la suite. Les marchandises obtenues sont, dans une troisième étape, rapidement transportées en lieu sûr, cependant que les paiements sont arrêtés, sous différents prétextes de difficultés momentanées de trésorerie. Lorsque les créanciers demandent la faillite de leur débiteur — si celui-ci ne la demande lui-même —, ils se trouvent devant un entrepôt vidé de toutes les marchandises ayant quelque valeur, et devant un débiteur qui allègue le mauvais cours des affaires, allié à de lourdes pertes au jeu.

Ce schéma de fraude en trois temps a été abandonné, dès 1965, au profit d'un schéma en un temps, dont l'exécution ne dure — et ne peut durer, à peine d'être inefficace — que trois ou quatre mois. Les exécutants font l'acquisition d'entreprises existantes bien cotées sur le marché, ou créent de nouvelles entreprises auxquelles ils donnent une dénomination qui prête à confusion avec des entreprises existantes jouissant d'un bon crédit. Il suffit alors de faire des commandes massives qui sont honorées par des fournisseurs pris de court et rassurés par un crédit momentané. Après quoi il ne reste qu'à disparaître et à se faire déclarer en faillite (Kossack, 93).

Ce genre d'opérations concerne de préférence des biens qui ont une grande valeur et sont aisément transportables : postes de télévision en couleur, appareils électriques, réfrigérateurs, matelas, couvertures, objets de joaillerie, installations de haute fidélité et de stéréophonie, fourrures, vêtements, machines à écrire électriques, calculatrices électroniques, appareils de photo ou de cinéma, etc. Le moment le plus favorable étant évidemment la période de Noël, la plupart de ces firmes commencent leur activité en octobre et sont hors-circuit en janvier. Durant cette période, elles ont pu, très légitimement, demander des livraisons d'urgence, pour dire ensuite qu'elles ont dû être écoulées à trop bas prix, ou qu'elles ont été volées (Hoover, 76).

86 La condition essentielle du succès de ces opérations est la confiance des co-contractants. Cette confiance devrait être ébranlée dès que l'on constate la présence d'indices déterminés, puisque, nous l'avons vu, les banqueroutes organisées, ou « planifiées », se présentent d'une manière relativement stéréotypée, qui fait notamment utiliser dans le milieu le mot évocateur de « Sketch » (Kossack et Davidson, 94). Ces opérations se déroulent cependant si rapidement qu'il ne restera généralement aux victimes que la satisfaction morale de déclencher, a posteriori, l'action publique contre des exécutants insolvables. Contre ce genre d'escroqueries que l'on dit « les plus spectaculaires de tous les temps » (Kossack, 92), la première arme consiste donc dans l'information et la mise en garde des organismes de crédit. C'est l'une des préoccupations majeures de l'Association nationale des entreprises de crédit *(National Association of Credit Management,* N.A.C.M.), qui cherche à éviter que ses membres se mettent le pied dans de telles opérations. La deuxième préoccupation de cette association est d'éviter que « la victime, silencieuse, souffre seule » : l'organisme qui soupçonne une fraude de ce genre doit, au plus tôt, en informer son association, de façon que celle-ci dispose à tout moment de la moisson la plus complète de renseignements : pour protéger ses membres, elle mettra éventuellement en mouvement une action publique, fondée, soit sur la loi fédérale sur les faillites, soit sur la législation postale, qui interdit les «fraudes par la voie de la poste» *(« mail fraud »).*

Dès qu'une procédure de faillite est engagée, les poursuites pénales sont facilitées par un amendement introduit le 27 mai 1926 dans la loi fédérale sur les faillites[4], qui permet au curateur ou syndic, le *trustee*, de porter à la connaissance du ministère public, l'*attorney*, tout fait punissable en vertu de la loi. L'attorney, à son tour, transmet l'affaire, aussitôt que possible, à la chambre d'accusation, le grand jury, ou à l'attorney général. C'est le plus souvent par ce canal que le Federal Bureau of Investigation du Département de la justice mettra sa section financière spécialisée en action. Si les instructions de ces affaires sont difficiles (Hoover, 75), elles n'en sont pas moins fréquemment couronnées de succès : ainsi, au cours des quatre exercices fiscaux 1964-1967, le F.B.I. avait suscité 185 condamnations du chef d'infractions en matière de faillites, permettant ainsi de récupérer quelque 5 millions de dollars au profit des créanciers.

L'affaire du Harris Discount Center. — L'affaire commence en été 1963, lorsqu'un exploitant de la Robinson Wholesale Co., un «*discount*» installé à Bettendorf, dans l'Iowa, décide de céder l'affaire, qui ne marche pas trop bien. Mis en contact avec deux personnes de Chicago, il cède les locaux de l'entreprise à un groupe immatriculé sous le nom de « Harris Discount Center ». Ce groupe s'installe en septembre 1963 et diffuse aussitôt quinze cents exemplaires d'une lettre informant les fournisseurs de la reprise, demandant d'urgence les listes de prix à l'approche de Noël, et joignant un extrait du bilan, indiquant un boni de 43 000 dollars.

En fait, le crédit est de pure façade, consistant simplement en des dépôts bancaires mis momentanément par des tiers à la disposition de la firme. Une quantité énorme de marchandises est obtenue à crédit ou payée au moyen de chèques post-datés. Bijoux, matériaux de construction, installations sanitaires, radios, télévisions, accessoires d'autos, etc., s'accumulent et sont rapidement transférés en donnant aux employés l'explication qu'ils sont momentanément entreposés « dans le magasin qui se trouve de l'autre côté du fleuve », le temps d'apporter aux locaux certains aménagements. Le 27 novembre 1963, après que les premiers chèques eurent été en vain présentés au paiement, une demande de faillite est déposée, et la faillite est déclarée en décembre.

L'enquête du F.B.I. aboutit à une poursuite qui se termina par quatre peines de cinq ans de prison et 10 000 dollars d'amende contre des personnes en relations étroites avec la « Cosa Nostra ». Mais appel fut aussitôt interjeté contre cette décision et, dans les deux heures qui le suivirent, tous quatre étaient libérés sous caution (Hoover, 76).

III. DES ÉTATS-UNIS EN EUROPE

87 L'«américanisation» de la banqueroute en Europe peut se réaliser de deux manières essentiellement : soit par pénétration directe, soit par imitation.

1. La pénétration directe

S'il ne faut pas, semble-t-il, attacher une importance excessive aux expressions utilisées par certains journaux financiers américains, qui dénonçaient, par exemple, le « gang » des sociétés d'assurances qui avait opéré en Belgique à la veille de 1970[5], en revanche il faut sans doute s'inquiéter de l'installation, dans certains grands centres de Belgique, de firmes américaines qui n'ont d'autre attache avec la Belgique que les locaux loués par l'entreprise, et d'autres capitaux que ceux qui leur sont avancés dans le pays sous la forme de facilités de crédits d'installation consenties aux firmes étrangères. Nombre d'entre elles, après avoir ébauché un mouvement d'affaires grâce à un crédit de façade, s'effondrent rapidement, et les commissions rogatoires internationales sont trop inefficaces pour que ces « chevaliers d'industrie », qui ne pourront être extradés par leur propre pays, soient réellement inquiétés (Kellens, 88).

2. L'imitation

G. Tarde, qui avait souligné aussi la professionalisation de la criminalité, s'était attaché à dégager de la « répétition universelle », les « lois de l'imitation » (160). La mode se manifeste en criminologie comme ailleurs, au niveau individuel comme au niveau collectif. Ainsi, par osmose, le pays le plus industrialisé transmettra-t-il aux pays moins industrialisés non seulement les techniques, mais aussi les modes de vie qui résultent de leur introduction, et en particulier les parasites[6] accrochés à ces modes de vie (Pinatel, 124).

Dans le domaine de la banqueroute, les mécanismes d'imitation joueront d'autant plus facilement que la faillite organisée n'est pas inconnue de nos contrées.

Une affaire du XVIIIe siècle en est déjà une illustration célèbre. Merlin (108) rapporte qu'en 1776, Jean Therrot, qui était marchand à Leugny, près d'Auxerre, « conçut et exécuta le projet de faire une *banqueroute lucrative*. Dans cette vue, il assembla ses créanciers chez un notaire de la ville d'Auxerre, et leur fit une cession générale de ses biens, qu'ils acceptèrent par acte du 2 mars de la même année. Peu de temps après, les créanciers de Therrot, ayant appris qu'il avait acheté une charge d'huissier, firent des démarches pour découvrir d'où provenaient les fonds qui lui avaient servi à faire cette acquisition. Instruits que Therrot les avait trompés, ils rendirent plainte contre lui en banqueroute frauduleuse. Sur les preuves qu'ils ont administrées aux juges d'Auxerre, Therrot a été condamné, par sentence du 27 mars 1782, au carcan et au bannissement pour trois ans ». Sur appel de cette sentence, intervint un arrêt qui ajouta à ces peines une interdiction de séjour permanente « dans ladite ville de Paris, faubourgs et banlieue d'icelle ».

Ces « banqueroutes lucratives » prennent de nos jours un tour plus agressif. « Certains commerçants, indignes de ce nom, mettent une affaire sur pied avec l'unique objectif d'obtenir dans les délais les plus brefs les sommes les plus importantes possible de leurs créanciers ou de leurs clients. Sitôt ce but atteint, ils abandonnent leur entreprise et souvent même disparaissent à l'étranger. Dans de nombreux cas, ils n'en sont pas à leur coup d'essai » (Mewissen, 110). De même qu'aux Etats-Unis on a adopté le mot d'argot « scam » pour désigner les faillites organisées, les criminologues européens ont désigné par le mot pittoresque de « carambouille » la création d'une entreprise de pure façade, qui permet d'obtenir le crédit de marchandises que l'on n'a aucune intention de payer et que l'on s'empresse de revendre en dessous des cours. « Domicilié à une adresse de complaisance, l'escroc demeurera introuvable et il ne restera plus à la victime que de faire mettre l'entreprise en faillite. Cette faillite révélera des chèques émis sans provision et d'autres procédés qui la convertiront en banqueroute frauduleuse, mais le passif dépassant démesurément l'avoir, le fournisseur imprudent et confiant demeurera la dupe. » (Cosson, 38; Hirsch, 72; van Bemmelen, 9.)

Dans une vision prospective, les pouvoirs publics comme les organismes de crédit doivent être vigilants à l'apparition de ces symptômes de pénétration du « crime organisé » ou de la mentalité du crime organisé dans l'économie des pays d'Europe occidentale.

NOTES du chapitre V

[1] Publié aux Presses universitaires de France.

[2] Sur la notion de crime organisé, voy. *supra*, ch. 1, note 1.

[3] A New York, on parle simplement de « *bust out* » ou « *going bust* », faire faillite : voy. Crime : Sleuthing the Scammers, *Newsweek*, 1er novembre 1965, 70.

[4] Section 3057 du titre 18 du United States Code annotated.

[5] Le *Financial Times*, cité par F. Baudhuin dans la *Libre Belgique* des 1-2 mars 1970.

[6] Pour évoquer ce « parasitisme » criminel, A. Sauvy (140) compare éloquemment la population criminelle à une population de rats, qui ne peut disparaître que par une réaction de la population humaine, ou par manque de nourriture...

CHAPITRE 6

PRÉVENTION

88 M. Lopez-Rey (102) a souligné combien la criminologie, envisagée comme la racine scientifique de la politique criminelle, était riche en ce qui concerne le traitement des délinquants, mais indigente en ce qui concerne la prévention du crime : « Il suffit de parcourir n'importe quel livre de criminologie. Ce sont toujours les dernières pages qui contiennent ce qui est proposé pour prévenir la criminalité. Il s'agit de quelques généralités, toujours les mêmes : l'amélioration des conditions de vie, des conditions de l'habitat, de la santé, alors que la société moderne a presque partout réalisé tout ceci et que, malgré tout, la criminalité augmente. »

Cette remarque, qui s'applique surtout à la criminalité générale, est moins pertinente pour la criminologie spéciale, c'est-à-dire pour l'étude spécifique de certains comportements criminels : comment prévenir des comportements déterminés sans en avoir auparavant analysé les caractéristiques?

89 Nous avons limité notre étude à la banqueroute relevant du domaine des affaires, qui pose des problèmes spécifiques, même dans les pays qui n'établissent pas de distinction de principe entre faillis commerçants et faillis non-commerçants (*supra*, n° 12).

Cela ne veut pas dire que l'étude de la faillite du consommateur soit sans intérêt : on l'a vu aux Etats-Unis où le problème a pris des proportions de scandale (*supra*, n° 84). En Belgique, on ne connaît pas encore la faillite des non-commerçants — encore que les juges consulaires appellent de leurs vœux l'uniformisation du risque de faillite

(Cloquet, 26) —, mais il existe depuis 1967 une disposition pénale punissant le débiteur, quelle que soit sa qualité, qui a organisé son insolvabilité et n'a pas exécuté ses obligations (Constant, 34).

Le problème de la faillite du non-commerçant touche à l'ensemble de la politique de crédit à la consommation. La lutte contre les abus s'organise surtout autour du fichage impitoyable de tous les risques par les organismes d'assurance du crédit, ce qui n'est pas sans poser, à la limite, un problème de protection de la sphère de la vie privée (Kellens, 87).

En revanche, en présence du « *Janus bifrons* » de la banqueroute d'affaires, la prévention doit être bipolaire, répondant à des principes différents selon qu'elle vise la banqueroute organisée ou la banqueroute accidentelle (*supra*, n° 62).

1° Les banqueroutiers « systématiques » sont les profiteurs du système économique. Ils représentent au sens de Sauvy des « parasites » (*supra*, n° 87), qui s'alignent dans le champ répressif aux côtés des autres escrocs.

Contre la banqueroute organisée, spécialement de type américain, la tactique de lutte des sections financières des polices judiciaires, en connexion avec les sections générales dans la mesure où le problème touche au crime organisé, est suffisamment éprouvée pour garder toute sa valeur.

2° A côté de ces banqueroutiers « organisés », les banqueroutiers par accident représentent plutôt les victimes du système. Ils ont joué et ils ont perdu. Ils ont joué parce que le système économique les incite à jouer (*supra*, n° 53). Ils ont persévéré parce que la législation fait de la perte du crédit l'une des conditions de la banqueroute (*supra*, n° 75).

Ce qui heurte dans l'usage fait actuellement du droit de la banqueroute, c'est qu'il frappe indistinctement celui qui, à la mesure de ses moyens, a joué correctement le jeu, et celui qui a abusé du jeu. Par facilité, ce sont les petites affaires seules qui parviennent à être vidées (*supra*, n° 42), en sorte que la justice apparaît ici comme un mécanisme sélectif frappant non seulement les victimes du système économique — alors que la communauté doit assumer la charge d'une partie des risques qu'elle incite à prendre —, mais les plus humbles d'entre elles.

Ainsi l'honnête homme sera-t-il celui qui a réussi, par quelque moyen que ce soit, et c'est le minable seul qui verra son destin reconstruit, a posteriori, en termes négatifs, à la lumière de l'échec (*supra*, n° 51).

Les constatations que suggère notre étude devraient déboucher sur une prévention qui tient compte des particularités de la banqueroute, dont les éléments, à la façon des causes de justification tirées de la légitime défense ou de l'état de nécessité, sont appréciés à froid, loin des angoisses des échéances et de la déchéance.

L'application judiciaire du droit pénal économique doit s'insérer dans la logique du système économique qu'elle a pour objet de protéger et non pas ajouter à l'accablement de ceux qui ont répondu aux incitations du milieu socio-culturel sans répondre à ses attentes de réussite.

Retenons de notre étude, à ce stade, trois considérations essentielles.

a) La criminalité de banqueroute suit les mouvements de la conjoncture. Elle ne les précède jamais. Une dépression économique se traduira très rapidement par un accroissement du volume des concordats préventifs, suivi d'un gonflement des faillites, après quoi s'élève la courbe des banqueroutes. Dès les premiers signes de dépression, une vigilance accrue doit s'exercer, spécialement au sein des organismes d'assurance du crédit.

b) Le passage à l'acte de banqueroute présente, à l'état pur, les allures d'un tourbillon, dont il importe, dans chaque cas individuel, de percevoir les premiers remous, de façon que la faillite ne devienne pas banqueroute, ou que la banqueroute ne prenne pas des proportions catastrophiques. Ce sera la tâche des tribunaux de commerce et des Parquets de pourvoir à cette surveillance et de prendre sans délai les décisions adéquates [1].

c) Si l'on peut, abstraitement, dresser l'épure sociologique et psychologique du « banqueroutier moyen », ce n'est que par référence au résultat d'un processus de sélection sociale particulièrement complexe, où l'imputabilité n'est pas au premier plan : le cours d'une affaire pénale en matière de banqueroute est l'inverse de celui d'une affaire ordinaire, de vol ou de meurtre par exemple. Alors que dans ce dernier cas le fait est connu et établi, et qu'il ne reste qu'à en identifier l'auteur et les complices éventuels, en cas de banqueroute c'est tout le contraire : l'auteur possible de faits de banqueroute est connu d'avance, mais les éléments du délit doivent, point par point, être établis puis appréciés (Matthijs, préface de l'ouvrage de Mewissen, 110). On pourrait, dans ce sens, parler de délits « constructifs » [2]. La qualité du « traitement » judiciaire des affaires de banqueroute est d'une importance essentielle.

90   Au départ de ces quelques remarques, on pourrait suggérer une prévention en quatre plans :

1° suppression ou diminution du nombre des faillites;

2° initiative privée favorisant le processus de « sélection naturelle » des entreprises;

3° détection précoce et traitement judiciaire des faillites;

4° détection précoce et traitement judiciaire des banqueroutes.

91   1° La banqueroute n'étant, en somme, qu'une faillite survenue dans des conditions frauduleuses ou dangereuses, la meilleure prévention des banqueroutes serait sans doute celle *des faillites* mêmes.

La prévention des faillites se heurte cependant à des obstacles considérables, qui résultent d'un régime d'économie libre. Le principe demeure la liberté de l'activité professionnelle, et un premier échec dans la vie des affaires n'empêche que dans des conditions limitées un nouvel essai. Le premier échec peut sans doute être évité, dans de nombreux cas, par un effort d'éducation sur les conditions de viabilité d'une entreprise et des exigences de compétence qui peuvent s'exercer dans les professions dont l'accès est réglementé [3].

D'autre part, le risque d'un échec ultérieur n'est pas écarté par une interdiction professionnelle, et cela pour plusieurs raisons : d'abord, l'interdiction ne porte, en général, que sur des fonctions de direction dans certains genres de sociétés [4]. Même si l'interdiction est plus générale, comme en France, il reste possible d'exercer son activité par personne interposée — classiquement, de la faire exercer par son épouse [5] ; ou encore, de l'exercer personnellement au mépris d'une interdiction : les contrôles ne sont pas plus efficaces que ceux dont font l'objet les conducteurs déchus du droit de conduire. Enfin, l'interdiction professionnelle peut être dangereuse dans la mesure où elle ne ferme qu'un exutoire mineur à une personne supposée dangereuse : Sutherland (153) a bien souligné que « l'interdiction d'exercer une profession entraîne le déplacement du délinquant au point de vue professionnel, au même titre que le bannissement entraîne son déplacement au point de vue géographique. Aucune de ces méthodes ne permet de résoudre le problème : elles ne font que le transférer d'un domaine à un autre ».

92   2° Si les faillites au sens large ne peuvent, ainsi, être que malaisément évitées, en revanche, l'initiative privée peut favoriser le processus de *« sélection naturelle »* des entreprises, qui doit être le corollaire d'une économie de type libéral ou néo-libéral. Si, aux Etats-Unis, nous l'avons vu, ce sont les associations de créanciers qui assument le rôle de mettre leurs membres en garde contre de « mauvais risques », dans notre pays, ce rôle est tenu essentiellement par les organismes d'assurance du crédit, dont les fichiers révèlent la situation de crédit de toute personne ou de toute entreprise dont le risque est pris en charge [6]. Ne trouvant plus de ressources, l'entreprise non viable doit disparaître, mais la liquidation ne doit pas nécessairement survenir dans le cadre d'une faillite. Malheureusement, certains organismes parastataux d'assistance financière à l'industrie, contribuent à fausser ce mécanisme de sélection en maintenant artificiellement en vie, pour des motifs sociaux, des entreprises malsaines dont ils ne font parfois que retarder et aggraver la déconfiture [7]. Un homme politique a pu parler, à leur propos, de « morgue des entreprises » [8].

93   3° Si la fin de l'entreprise malsaine n'a pu être précipitée, il reste à détecter les états de fait de faillite, avant que le débiteur ne se livre à des opérations désastreuses pour l'ensemble de ses créanciers. En Belgique, les présidents des tribunaux de commerce ont mis sur pied, au sein de leur juridiction, des « *services de dépistage* des entreprises en difficulté ». Se fondant, d'une part, sur le pouvoir du tribunal de commerce de déclarer la faillite d'office [9], d'autre part sur la multitude de renseignements concernant la situation financière des entreprises que différents textes de loi prescrivent d'adresser à cette même juridiction, ils font constituer des dossiers spéciaux qui peuvent justifier un examen plus approfondi de la situation du commerçant ou de la société commerciale. L'intéressé est convoqué à une phase d'« instruction », où certains renseignements lui sont demandés sur la marche de ses affaires et sur sa comptabilité (van der Gucht, 168).

« On invite l'intéressé à redresser sa situation si c'est possible. Pour une société commerciale dont l'état des affaires paraît sans issue, on l'amène à entrer en liquidation, toujours par la voie de conseils. Si la cessation de paiements et l'ébranlement du crédit sont absolument avérés et s'il n'y a aucun espoir de reprendre la situation en main, le juge transmet le dossier au tribunal de commerce lui-même, qui convoque l'intéressé en chambre du conseil. L'intéressé comparaît, assisté généralement d'un avocat, de sorte que cette procédure se déroule de manière assez étirée : on compte de quatre à cinq semaines depuis le début jusqu'à la fin. Le tribunal, s'il prononce la faillite d'office, le fait en toute connaissance de cause... » (Berrewaerts in Coppens, 35.)

Si des critiques de principe ont pu être émises contre cette procédure, son efficacité ne paraît pas pouvoir être mise en doute. « Il est significatif de constater qu'un nombre relativement important d'entreprises ont soit augmenté leur capital, soit procédé à temps à une liquidation volontaire, que certains créanciers ont renoncé à leur créance ou que d'importants créanciers ont repris l'affaire; les concordats judiciaires sont également plus nombreux... Les curateurs sont unanimes pour dire que déjà actuellement on peut constater une diminution des poursuites catastrophiques et que l'actif moyen est plus élevé » (van der Gucht, 168).

94 4° Il faut enfin envisager une dernière ligne de repli : la *détection précoce* et le traitement judiciaire éclairé des affaires de banqueroute.

Si le tribunal de commerce peut aisément opérer une détection précoce des faillites, il appartient au Parquet, le tourbillon amorcé, de déceler rapidement les banqueroutes. Le parquet peut, sans doute, attendre que la faillite soit prononcée et que le curateur lui adresse son mémoire sur « l'état apparent de la faillite, de ses principales causes et circonstances, et des caractères qu'elle paraît avoir » [10]. Mais le procureur du Roi est également investi des fonctions de ministère public auprès du tribunal de commerce et reçoit à ce titre communication des demandes en matière de faillite, de concordat et de sursis de paiement [11].

Plus précocement encore, le Parquet peut, à l'occasion

des premières manifestations du « tourbillon » que nous avons décrit (*supra*, nº 79) et en particulier à partir des premières émissions de chèques sans provision, étendre son information à la situation de l'entreprise en se faisant communiquer le bilan, et, par le truchement de l'auditorat du travail, l'état de son contentieux social, notamment les poursuites en matière d'arriérés de cotisations de sécurité sociale[12]. En France, le Procureur de la République reçoit d'office une information sur les chèques postaux et les chèques bancaires non payés[13]. Ce doit être l'occasion de reconstituer la réalité criminologique unique de la banqueroute.

Détection précoce ne signifie cependant pas répression précipitée. Une condamnation du chef de banqueroute entraîne trop de conséquences automatiques de type économique — impossibilité du concordat, interdictions professionnelles impliquant la fermeture de l'entreprise — ou de type pénal — la publication du jugement, mesure infamante héritière du carcan des coutumes marchandes médiévales (Wolfgang, 175) — pour que le Parquet et la juridiction pénale n'utilisent pas en ce domaine toutes les ressources du droit, en particulier le classement sans suite et, dans certaines limites, la suspension du prononcé de la condamnation.

Une affaire pénale en matière de faillite est un « microcosme de toutes les branches du droit autant qu'un kaléidoscope de la vie des affaires » (Matthijs, préface à Mewissen, 110). Le traitement d'une affaire de ce genre suppose une compétence éclairée par une formation et une expérience adéquates, tant de la part de la police chargée de l'enquête (Teufel, 162) que de la part de la magistrature chargée de sa direction et de son appréciation (Constant, 30).

Trop souvent, aux yeux du magistrat, les banqueroutes continuent à faire figure d'étrangères, qu'il aborde maladroitement, parce qu'il connaît mal leurs habitudes.

Face aux plus astucieuses, le magistrat fait appel à un oracle, l'expert, qui, croit-il, parle mieux leur langage : profitant des lenteurs et des difficultés de l'interprétation, elles lui échappent entièrement.

Face aux plus simples, il retrouve son naturel, affiche même la supériorité du praticien d'un droit pénal que chacun est censé connaître et, négligeant par trop une réalité économique quotidienne, il les traite injustement.

Dans le premier cas, la répression se révèle « une arme émoussée » (Zirpins, 179) : peu confiants dans leur science, les magistrats enlisent les affaires les plus graves dans les sables mouvants des expertises.

Dans le second cas, le droit pénal se dévalue par la multiplication des petites peines dans des affaires qui ne méritent pas, à proprement parler, de sanction pénale. S'il jouit d'un large pouvoir d'appréciation en matière de banqueroute, il n'est cependant pas permis au juge de renvoyer des poursuites tel commerçant qui, en payant une prime d'assurance, a favorisé un créancier au préjudice de la masse, ou tel autre qui a protégé de modestes meubles de l'appétit de ses créanciers. D'aucuns regretteront, en pareil cas, que le juge belge ne dispose pas de la marge de manœuvre du juge soviétique[14]. Mais le Ministère public ne dispose-t-il pas de l'opportunité des poursuites?

Si la justice est aveugle, c'est particulièrement vrai en matière de banqueroute : le fer rouge menace le petit qui se débat pour échapper à la noyade. Le grand brasseur d'affaires est trop habile pour ne pas être admiré, il a trop de personnel pour ne pas recevoir d'aides de toutes parts et n'être en définitive pas insolvable. La faiblesse se détruit. La force appelle la force. Et le petit boutiquier qui a dû faire l'économie d'un comptable rejoint seul, sur le banc d'infamie, le voleur d'un pain.

NOTES du chapitre VI

[1] Sans doute, cette surveillance ne doit pas exclure la vigilance des créanciers, et notamment du personnel des entreprises en difficulté. Ainsi l'information suivante était-elle fournie par la radio belge dans le « journal parlé » du 22 mai 1971 :

« Une situation assez curieuse règne depuis plusieurs jours devant les grilles de la fabrique d'imperméables N. à Liège. En effet des représentants syndicaux contrôlent les entrées et les sorties de l'entreprise. Il y a une quinzaine de jours, la direction de l'entreprise a décidé de fermer définitivement l'usine. Cependant tout n'est pas réglé pour autant, la société étant encore redevable de plusieurs millions de francs à la sécurité sociale et à la société nationale de crédit à l'industrie. Elle a obtenu un concordat judiciaire, mais aucun jugement n'a encore été prononcé et l'affaire reste en délibéré. Si les syndicalistes restent présents devant les grilles, c'est qu'ils craignent que du matériel ne soit enlevé de l'entreprise à l'insu des travailleurs. De son côté, le conseil d'administration estime qu'un tel soupçon est calomnieux. Un tel risque de soustraction, dit la direction, ne peut être le fait que de personnes étrangères à la société. Les grilles de l'usine (c'est toujours la direction qui parle) sont truffées d'émeutiers.

« Quoi qu'il en soit, la camionnette du syndicat est toujours devant l'usine et trois personnes surveillent l'entrée. »

[2] Cette expression nous a été aimablement suggérée par A. Davidovitch.

[3] Mais, assez paradoxalement, la loi belge du 24 décembre 1958 (*Mon.* 11 janvier 1959) ne permet d'instituer des conditions d'exercice de la profession que dans les entreprises « de l'artisanat, du petit et moyen commerce et de la petite industrie ». Les affaires les plus importantes échappent, en principe, aux réglementations d'accès.

[4] L'arrêté royal n° 22 du 24 octobre 1934 ne portait interdiction, pour les faillis et certains condamnés à trois mois de prison au moins — notamment du chef de banqueroute —, que de l'administration et de la surveillance des sociétés par actions, des sociétés coopératives, de l'exercice de la profession d'agent de change, ou de l'activité d'une banque de dépôts. Le gérant d'une S.P.R.L. n'a été ajouté à cette liste que depuis la loi du 16 mars 1972 (*Mon.* 23 juin 1972).

[5] D'où l'état d'esprit reflété par le cas judiciaire 11, *supra*, n° 58.

[6] Parallèlement à l'« Office central d'enregistrement des contrats », organisme officiel dont l'art. 30 de la loi du 9 juillet 1957 sur les ventes à tempérament et leur financement a prévu la création, certains organismes de crédit, groupés en union professionnelle, ont projeté la création d'une « centrale nationale des risques », qui centraliserait ces renseignements et permettrait ainsi d'édifier une barrière contre l'endettement excessif, spécialement des budgets familiaux.

[7] Voy. notamment l'article de *La libre Belgique*, 31 octobre 1969,

consacré au bilan annuel de la Société nationale d'investissement, après sept années d'existence.

[8] L'idée de subsides aux entreprises en difficultés n'est pas neuve : au XVIIIe s., Beccaria (6) suggérait, à côté de « l'enregistrement public et ostensible de tous les contrats et la liberté pour tous les citoyens d'en consulter les documents bien ordonnés », la création d'« une banque publique alimentée par des contributions sagement réparties que fourniraient les commerces prospères et sur lesquelles on prélèverait les sommes convenables pour venir en aide au négociant malheureux mais non coupable ».

[9] L. du 18 avril 1851 (*Mon.*, 24 avril), art. 442.

[10] L. du 18 avril 1851, art. 494.

[11] Code judiciaire, art. 764, al. 1, 9°.

[12] C. jud., art. 580, 1° et 152.

[13] Ord. du 28 septembre 1967; voy. Lemontey in Coppens (35).

[14] Voy., au sujet de la conception « matérielle » de l'infraction propre aux législations socialistes, Constant (33).

PRINCIPALES DISPOSITIONS
DE DROIT BELGE ET FRANÇAIS
APPLICABLES À LA BANQUEROUTE

I. DROIT BELGE

1   Code pénal du 8 juin 1867, Livre II (Infractions), Titre IX (Crimes et délits contre les propriétés), Chapitre II. — Des fraudes

Section première. — *De la banqueroute et de l'insolvabilité fraduleuse.*

Intitulé ainsi modifié par L. 10 octobre 1967, art. 3-142.

489. Ceux qui, dans les cas prévus par le code de commerce, seront déclarés coupables de banqueroute seront condamnés :
Les banqueroutiers simples, à un emprisonnement d'un mois à deux ans;
Les banqueroutiers frauduleux, à la réclusion.

490. Seront condamnés à un emprisonnement d'un mois à deux ans et à une amende de cent francs à trois mille francs :
Ceux qui, dans l'intérêt du failli, auront soustrait, dissimulé ou recélé tout ou partie de ses biens meubles ou immeubles;
Ceux qui auront frauduleusement présenté dans la faillite et affirmé, soit en leur nom, soit par interposition de personnes, des créances supposées ou exagérées;
Le créancier qui aura stipulé, soit avec le failli, soit avec toutes autres personnes, des avantages particuliers à raison de son vote dans les délibérations relatives à la faillite, ou qui aura fait un traité particulier duquel résulterait, en sa faveur, un avantage à la charge de l'actif du failli;
Le curateur qui se sera rendu coupable de malversation dans sa gestion.

490bis. [*L. 10 octobre 1967, art. 3-143.* — §1er. Sera puni d'un emprisonnement d'un à six mois et d'une amende de cinquante à cinq cents francs ou d'une de ces peines seulement sans préjudice s'il y a lieu de l'application des dispositions pénales plus sévères, celui qui aura organisé son insolvabilité et n'aura pas exécuté les obligations dont il est tenu.

L'organisation par le débiteur de son insolvabilité peut être déduite de toute circonstance de nature à révéler sa volonté de se rendre insolvable et spécialement des circonstances suivantes :

1° s'il a augmenté ses dépenses personnelles ou les dépenses de sa maison;

2° s'il a dépensé de fortes sommes au jeu, à des opérations de pur hasard ou à des opérations fictives de bourse ou sur marchandises;

3° s'il a contracté des emprunts injustifiés;

4° s'il a supposé des dépenses ou des pertes;

5° si depuis l'assignation en paiement, il a favorisé un autre créancier ou s'il a aliéné ses biens en tout ou en partie ou s'il les a grevés de droits réels;

6° s'il a détruit, diverti ou dissimulé des effets ou objets faisant partie de son actif.

§ 2. A l'égard du tiers coauteur ou complice du délit, l'action publique sera éteinte s'il restitue les objets, valeurs ou sommes d'argent qui lui avaient été remis.]

2   Code de commerce, Livre III (Loi du 18 avril 1851 sur les faillites, banqueroutes et sursis), Titre II. — Des banqueroutes

Chapitre premier. — *De la banqueroute simple.*

573. Sera déclaré banqueroutier simple, tout commerçant failli qui se trouvera dans l'un des cas suivants :

1° Si les dépenses personnelles ou les dépenses de sa maison sont jugées excessives;

2° S'il a consommé de fortes sommes au jeu, à des opérations de pur hasard, ou à des opérations fictives de bourse ou sur marchandises;

3° Si, dans l'intention de retarder sa faillite, il a fait des achats pour revendre au-dessous du cours; si, dans la même intention, il s'est livré à des emprunts, circulations d'effets, et autres moyens ruineux de se procurer des fonds;

4° S'il a supposé des dépenses ou des pertes ou s'il ne justifie pas de l'existence ou de l'emploi de l'actif de son dernier inventaire et des deniers, valeurs, meubles et effets, de quelque nature qu'ils soient, qui lui seraient avenus postérieurement;

5° Si, après la cessation de ses payements, il a payé ou favorisé un créancier au préjudice de la masse.

574. Pourra être déclaré banqueroutier simple, tout commerçant qui se trouvera dans l'un des cas suivants :

1° S'il a contracté pour le compte d'autrui, sans recevoir des valeurs en échange, des engagements jugés trop considérables, eu égard à sa situation lorsqu'il les a contractés;

2° S'il est de nouveau déclaré en faillite, sans avoir satisfait aux obligations d'un précédent concordat;

3° Si, étant marié sous le régime dotal, ou séparé de biens, il ne s'est pas conformé à l'article 69;

Lire : article 4 du titre Iᵉʳ du livre Iᵉʳ du Code de commerce.

4° S'il n'a pas fait l'aveu de la cessation de ses payements dans le délai prescrit par l'article 440; si cet aveu ne contient pas les noms de tous les associés solidaires; si, en le faisant, il n'a pas fourni les renseignements et éclaircissements exigés par l'article 441, ou si ces renseignements ou éclaircissements sont inexacts;

5° S'il s'est absenté sans l'autorisation du juge-commissaire ou si, sans empêchement légitime, il ne s'est pas rendu en personne aux convocations qui lui ont été faites par le juge-commissaire ou par les curateurs;

6° S'il n'a pas tenu les livres exigés par l'article 8; s'il n'a pas fait l'inventaire prescrit par l'article 9; si ses livres et inventaire sont incomplets ou irrégulièrement tenus, ou s'ils n'offrent pas sa véritable situation active et passive, sans néanmoins qu'il y ait fraude.

Lire : articles 16 et 17 du titre Iᵉʳ du livre Iᵉʳ du Code de commerce.

575. Seront condamnés aux peines de la banqueroute simple, sans préjudice, s'il y a lieu, à l'application de l'article 578 :

1° Ceux qui, dans l'intérêt du failli, auront soustrait, dissimulé ou recélé tout ou partie de ses biens meubles ou immeubles;

2° Ceux qui auront frauduleusement présenté dans la faillite et affirmé, soit en leur nom, soit par l'interposition de personnes, des créances supposées ou exagérées;

3° Le créancier qui aura stipulé, soit avec le failli, soit avec toutes autres personnes, des avantages particuliers à raison de son vote dans les délibérations de la faillite, ou qui aura fait un traité particulier duquel résulterait, en sa faveur, un avantage à la charge de l'actif du failli;

4° Le curateur qui se sera rendu coupable de malversation dans sa gestion.

Les coupables seront, en outre, condamnés à une amende égale à la valeur des avantages illégalement stipulés ou aux restitutions et dommages et intérêts dus à la masse des créanciers, et qui ne pourra être moindre de cent francs.

576. Pourront être condamnés aux peines de la banqueroute simple, les gérants des sociétés anonymes qui n'auront pas fourni les renseignements qui leur auront été demandés, soit par le juge-commissaire, soit par les curateurs, ou qui auront donné des renseignements inexacts.

Il en sera de même de ceux qui, sans empêchement légitime, ne se seront pas rendus à la convocation du juge-commissaire ou du curateur.

Chapitre II. — *De la banqueroute frauduleuse.*

577. Sera déclaré banqueroutier frauduleux, tout commerçant failli qui se trouvera dans l'un des cas suivants :

1° S'il a soustrait ses livres, ou s'il en a frauduleusement enlevé, effacé ou altéré le contenu;

2° S'il a détourné ou dissimulé une partie de son actif;

3° Si, dans ses écritures, soit par des actes publics ou des engagements sous signature privée, soit par son bilan, il s'est frauduleusement reconnu débiteur de sommes qu'il ne devait pas.

578. Seront déclarés *complices* de banqueroutier frauduleux, ceux qui, par l'un des moyens indiqués en l'article *60 du Code* *pénal* auront provoqué aux faits mentionnés à l'article précédent, ou donné des instructions pour les commettre, et ceux qui auront, avec connaissance, aidé le banqueroutier frauduleux dans les faits qui auront préparé ou facilité sa banqueroute ou dans ceux qui l'auront consommée.

Lire : articles 66 et 67 du Code pénal de 1867.

Chapitre III. — *Dispositions générales.*

579. Dans les cas prévus par les articles 575, 577 et 578, la cour ou le tribunal saisi statueront, lors même qu'il y aurait acquittement :

1° D'office sur la réintégration à la masse des créanciers de tous biens, droits ou actions frauduleusement soustraits;

2° Sur les dommages-intérêts qui seraient demandés et que le jugement ou l'arrêt arbitrera.

Les conventions seront, en outre, déclarées nulles à l'égard de toutes personnes et même à l'égard du failli.

Le créancier sera tenu de rapporter, à qui de droit, les sommes ou valeurs qu'il aura reçues en vertu des conventions annulées.

580. Dans le cas où l'annulation des actes ou conventions frauduleux mentionnés aux articles 575 et 577 serait poursuivie par la voie civile, l'action sera portée devant le tribunal de commerce dans le ressort duquel la faillite s'est ouverte.

581. Les frais de poursuite en banqueroute simple ou frauduleuse ne pourront être mis à la charge de la masse qu'en cas d'acquittement, lorsque les curateurs, à ce autorisés par une délibération prise à la majorité individuelle des créanciers présents, se seront portés partie civile.

582. En cas de concordat, le recours du trésor public contre le failli, pour les frais, ne pourra être exercé qu'après l'expiration des termes accordés par ce traité.

583. [*L. 24 juillet 1962, art. 4.* — Tous arrêts ou jugements de condamnation rendus en vertu des articles 573 à 578, ordonnent la publication, par extrait, aux frais du condamné, de l'arrêt ou du jugement de condamnation, au **Moniteur belge** ainsi que dans les journaux qu'ils désignent et qui s'impriment dans les lieux ou dans les villes les plus rapprochées du lieu où le condamné a son domicile ou des établissements commerciaux.

Ces extraits contiendront :

1° Les nom, prénoms, lieu et date de naissance et adresse des condamnés et éventuellement la raison sociale ou la dénomination et le siège des sociétés commerciales en faillite dont ils sont les administrateurs ou gérants;

2° La date de l'arrêt ou du jugement de condamnation et la juridiction qui l'a prononcé;

3° Les infractions qui ont donné lieu aux condamnations et les peines prononcées; lorsque, en raison de l'unité d'intention, une peine unique a été prononcée du chef de banqueroute simple ou de banqueroute frauduleuse et d'autres infractions, les extraits mentionneront toutes les infractions réprimées par cette peine unique.]

II. DROIT FRANÇAIS

3   Code pénal du 12 février 1810, Livre III (Crimes et délits), Titre II (Contre les particuliers), Chapitre II (Contre les propriétés)

Section II. — Banqueroutes, escroqueries et autres espèces de fraudes

§1er. — *Banqueroute et escroquerie.*

402. *(Ord. n° 58-1299 du 23 déc. 1958.)* Ceux qui sont déclarés coupables de banqueroute seront punis :

Les banqueroutiers simples d'un emprisonnement d'un mois à deux ans;

Les banqueroutiers frauduleux d'un emprisonnement d'un à cinq ans.

En outre, l'interdiction des droits mentionnés à l'article 42 du présent code pourra être prononcée à l'encontre des banqueroutiers frauduleux.

403. *(Ord. n° 58-1299 du 23 déc. 1958.)* Les complices de banqueroute, simple ou frauduleuse, encourent les peines prévues à l'article précédent, même s'ils n'ont pas la qualité de commerçant.

404. *(L. n° 67-563 du 13 juill. 1967.)* Les agents de change reconnus coupables de banqueroute simple sont punis des peines de la banqueroute frauduleuse.

S'ils sont reconnus coupables de banqueroute frauduleuse, ils sont punis d'un emprisonnement de deux à dix ans.

En outre, l'interdiction des droits mentionnés à l'article 42 du présent code pourra être prononcée à leur encontre.

4   Code de commerce, Livre III
(Loi du 13 juillet 1967 sur le règlement judiciaire, la liquidation des biens, la faillite personnelle et les banqueroutes)
Titre III. — Banqueroutes et autres infractions

Chapitre Ier. — *Banqueroutes et délits assimilés aux banqueroutes.*

126. Les personnes reconnues coupables de banqueroute simple ou frauduleuse sont punies des peines prévues aux articles 402 à 404 du Code pénal.

Toute condamnation pour banqueroute simple ou frauduleuse prononcée à l'encontre d'un commerçant personne physique, toute condamnation aux peines de la banqueroute simple ou frauduleuse prononcée à l'encontre des dirigeants de droit ou de fait d'une personne morale, entraîne de plein droit la faillite personnelle et les autres sanctions personnelles prévues au titre II de la présente loi.

Section I. — *Banqueroute simple.*

127. Est coupable de banqueroute simple tout commerçant personne physique en état de cessation des paiements qui se trouve dans un des cas suivants :

1° Si ses dépenses personnelles ou les dépenses de sa maison sont jugées excessives ;

2° S'il a consommé des sommes élevées dans des opérations de pur hasard ou des opérations fictives ;

3° Si, dans l'intention de retarder la constatation de la cessation de ses paiements, il a fait des achats en vue d'une revente au-dessous du cours ou si, dans la même intention, il a employé des moyens ruineux pour se procurer des fonds;

4° Si, ayant été déclaré, soit deux fois en faillite au sens des articles 437 à 614-26 du Code de commerce tels qu'ils étaient en vigueur avant la mise en application de la présente loi, soit une fois en faillite au sens desdits articles et une fois en état de liquidation des biens, soit deux fois en état de liquidation des biens, ces procédures ont été clôturées pour insuffisance d'actif;

5° S'il n'a tenu aucune comptabilité conforme aux usages de la profession, eu égard à l'importance de l'entreprise;

6° S'il a exercé sa profession contrairement à une interdiction prévue par la loi.

128. Peut être déclaré coupable de banqueroute simple tout commerçant personne physique en état de cessation des paiements qui se trouve dans un des cas suivants :

1° S'il a contracté, pour le compte d'autrui, sans recevoir des valeurs en échange, des engagements jugés trop importants, eu égard à sa situation lorsqu'il les a contractés;

2° S'il est déclaré en état de liquidation des biens sans avoir satisfait aux obligations d'un précédent concordat;

3° Si, sans excuse légitime, il ne fait pas au greffe du tribunal la déclaration de son état de cessation des paiements, dans le délai de quinze jours;

4° Si, sans empêchement légitime, il ne s'est pas présenté en personne au syndic dans les cas et dans les délais fixés;

5° Si sa comptabilité est incomplète ou irrégulièrement tenue;

6° Si, après la cessation de ses paiements, il a payé un créancier au préjudice de la masse.

Dans les sociétés comportant des associés indéfiniment et solidairement responsables des dettes sociales, les représentants légaux peuvent également être déclarés coupables de banqueroute simple, si, sans excuse légitime, ils ne font au greffe du tribunal compétent, dans le délai de quinze jours, la déclaration de leur état de cessation des paiements ou si cette déclaration ne comporte pas la liste des associés solidaires avec l'indication de leurs noms et domiciles.

Section II. — *Banqueroute frauduleuse.*

129. Est coupable de banqueroute frauduleuse tout commerçant personne physique en état de cessation des paiements :
1º Qui a soustrait sa comptabilité;
2º Ou qui a détourné ou dissipé tout ou partie de son actif;
3º Ou qui, soit dans ses écritures, soit par des actes publics ou des engagements sous signature privée, soit dans son bilan, s'est frauduleusement reconnu débiteur de sommes qu'il ne devait pas.

Section III. — *Délits assimilés aux banqueroutes.*

130. Les dispositions de la présente section sont applicables :
1º Aux personnes physiques dirigeants de personnes morales commerçantes;
2º Aux personnes physiques dirigeants de personnes morales de droit privé non commerçantes, à l'exclusion de celles qui n'ont pas d'objet économique et ne poursuivent, ni en droit ni en fait, un but lucratif;
3º Aux personnes physiques représentants permanents de personnes morales dirigeants, soit de personnes morales commerçantes, soit de personnes morales définies au 2 ci-dessus.

131. En cas de cessation des paiements d'une société, quelle qu'en soit la forme, sont punis des peines de la banqueroute simple, le président, les administrateurs, directeurs généraux, gérants ou liquidateurs et d'une manière générale toute personne ayant, directement ou par personne interposée, administré, géré ou liquidé cette société sous le couvert ou au lieu et place de ses représentants légaux, qui ont en cette qualité et de mauvaise foi :
1º Soit consommé des sommes élevées appartenant à la société en faisant des opérations de pur hasard ou des opérations fictives;
2º Soit, dans l'intention de retarder la constatation de la cessation des paiements de la société, fait des achats en vue d'une revente au-dessous du cours ou, dans la même intention, employé des moyens ruineux pour se procurer des fonds;
3º Soit, après cessation des paiements de la société, payé ou fait payer un créancier au préjudice de la masse;

4° Soit fait contracter par la société, pour le compte d'autrui, sans qu'elle reçoive de valeurs en échange, des engagements jugés trop importants, eu égard à sa situation lorsqu'elle les a contractés;

5° Soit tenu ou fait tenir ou laissé tenir irrégulièrement la comptabilité de la société;

6° Soit omis de faire au greffe du tribunal compétent, dans le délai de quinze jours, la déclaration de l'état de cessation des paiements de la société.

132. Sont punis des peines de la banqueroute simple le président, les administrateurs, directeurs généraux, gérants ou liquidateurs d'une société, quelle qu'en soit la forme, et, d'une manière générale, toute personne ayant, directement ou par personne interposée, administré, géré ou liquidé ladite société sous le couvert ou au lieu et place de ses représentants légaux qui, en vue de soustraire tout ou partie de leur patrimoine aux poursuites de la société en état de cessation des paiements ou à celles des associés ou des créanciers sociaux, ont, de mauvaise foi, détourné ou dissimulé, tenté de détourner ou de dissimuler une partie de leurs biens ou qui se sont frauduleusement reconnus débiteurs de sommes qu'ils ne devaient pas.

133. En cas de cessation des paiements d'une société, quelle qu'en soit la forme, sont punis des peines de la banqueroute frauduleuse le président, les administrateurs, directeurs généraux, gérants ou liquidateurs et d'une manière générale toute personne ayant, directement ou par personne interposée, administré, géré ou liquidé ladite société sous le couvert ou au lieu et place de ses représentants légaux, qui ont frauduleusement:

1° Ou soustrait des livres de la société;

2° Ou détourné ou dissimulé une partie de son actif;

3° Ou reconnu la société débitrice de sommes qu'elle ne devait pas, soit dans les écritures, soit par des actes publics ou des engagements sous signature privée, soit dans le bilan.

134. Les dispositions des articles 131 à 133 sont applicables à tous dirigeants de droit ou de fait, ainsi qu'aux liquidateurs de toute personne morale non commerçante visée à l'article 130.

135. Ne sont pas soumis aux dispositions des articles 131 à 133 les gérants ou dirigeants d'une société en nom collectif ou en commandite ayant la qualité de commerçants, lesquels restent soumis aux dispositions des articles 126 à 129.

Section IV. — *Poursuite des infractions de banqueroute et des délits assimilés.*

136. La juridiction répressive est saisie, soit sur la poursuite du ministère public, soit sur constitution de partie civile ou par voie de citation directe du syndic ou de tout créancier même bénéficiaire d'une sûreté réelle agissant, soit en son nom propre, soit au nom de la masse.

137. Le syndic ne peut agir au nom de la masse qu'après y avoir été autorisé par une délibération prise par les créanciers réunis en assemblée, à la majorité des créanciers présents.

Tout créancier peut intervenir à titre individuel dans une poursuite en banqueroute si celle-ci est intentée par le syndic au nom de la masse.

138. Le syndic est tenu de remettre au ministère public les pièces, titres, papiers et renseignements qui lui sont demandés.

Les pièces, titres et papiers délivrés par le syndic sont, pendant le cours de l'instance, tenus en état de communication par la voie de greffe. Cette communication a lieu sur la réquisition du syndic qui peut y prendre des extraits privés ou en requérir d'authentiques, qui lui sont expédiés par le greffier. Les pièces, titres et papiers dont le dépôt judiciaire n'aurait pas été ordonné sont, après le jugement, remis au syndic qui en donne décharge.

139. Une condamnation pour banqueroute simple ou frauduleuse ou pour délit assimilé à la banqueroute simple ou frauduleuse peut être prononcée même si la cessation des paiements n'a pas été constatée dans les conditions prévues au titre Ier de la présente loi.

140. Les frais de la poursuite intentée par le ministère public ne peuvent être mis à la charge de la masse.

S'il y a condamnation, le Trésor public ne peut exercer son recours contre le débiteur qu'après dissolution de l'union.

141. Les frais de la poursuite par le syndic au nom des créanciers sont supportés, s'il y a relaxe, par la masse et, s'il y a condamnation, par le Trésor public, sauf recours contre le débiteur dans les conditions de l'article 140 (alinéa 2).

142. Les frais de la poursuite intentée par un créancier sont supportés, s'il y a condamnation, par le Trésor public, sauf recours contre le débiteur dans les conditions de l'article 140 (alinéa 2) et, s'il y a relaxe, par le créancier poursuivant.

Chapitre II. — *Autres infractions.*

143. Sont punies des peines de la banqueroute frauduleuse :

1° Les personnes convaincues d'avoir, dans l'intérêt du débiteur, soustrait, recélé ou dissimulé tout ou partie de ses biens, meubles ou immeubles, le tout sans préjudice des autres cas prévus par l'article 60 du Code pénal;

2° Les personnes convaincues d'avoir frauduleusement produit dans le règlement judiciaire ou la liquidation des biens, soit en leur nom, soit par interposition de personne, des créances supposées;

3° Les personnes qui, faisant le commerce sous le nom d'autrui ou sous un nom supposé, se sont rendues coupables d'un des faits prévus à l'article 132.

144. Le conjoint, les descendants ou les ascendants du débiteur ou ses alliés qui auraient détourné, diverti ou recélé des effets dépendant de l'actif du débiteur en état de cessation des paiements, sans avoir agi de complicité avec ce débiteur, encourent les peines prévues à l'article 406 (alinéa 1er) du Code pénal.

145. Dans les cas prévus par les articles précédents, la juridiction saisie statue, lors même qu'il y aurait relaxe :

1° D'office, sur la réintégration à la masse des créanciers, de tous biens, droits ou actions frauduleusement soustraits;

2° Sur les dommages-intérêts qui seraient demandés.

146. Est puni des peines prévues à l'article 408 (alinéa 2) du Code pénal, tout syndic au règlement judiciaire ou à la liquidation des biens qui se rend coupable de malversation dans sa gestion.

Est puni des mêmes peines tout syndic ou toute personne ayant participé à l'administration du règlement judiciaire ou de la liquidation des biens qui, en violation des dispositions de l'article

95, se rend acquéreur pour son compte, directement ou indirectement, de biens du débiteur.

147. Le créancier qui a stipulé, soit avec le débiteur, soit avec toutes autres personnes, des avantages particuliers à raison de son vote dans les délibérations de la masse ou qui a fait un traité particulier duquel résulterait en sa faveur un avantage à la charge de l'actif du débiteur, à partir du jour du jugement constatant la cessation des paiements, est puni des peines prévues à l'article 406 (alinéa premier) du Code pénal.

148. Ces conventions sont, en outre, déclarées nulles à l'égard de toutes personnes, même du débiteur.

Le créancier est tenu de rapporter à qui de droit les sommes ou valeurs qu'il a reçues en vertu des conventions annulées.

Dans le cas où l'annulation des conventions prévues au présent article et à l'article précédent est poursuivie par la voie civile, l'action est portée devant les tribunaux de commerce si le débiteur est commerçant, devant les tribunaux de grande instance dans les autres cas.

Chapitre III. — *Dispositions particulières.*

149. Tous arrêts et jugements de condamnation rendus en vertu du présent titre sont, aux frais des condamnés, affichés et publiés dans un journal habilité à recevoir les annonces légales, ainsi que par extrait sommaire au *Bulletin officiel des annonces commerciales* mentionnant le numéro du journal d'annonces légales où a été publiée la première insertion.

BIBLIOGRAPHIE

1. AUBRY, G., *La jurisprudence criminelle du Châtelet de Paris sous le règne de Louis XVI*, Paris, L.G.D.J., 1971.
2. BÄHR, G., Probleme der Wirtschaftskriminalität, unter besonderer Berücksichtigung des Insolvenzbetruges, in MERGEN, A., éd., *Wirschaftskriminalität, Sachverständigengutachten*, Hamburg, Kriminalistik, 1969.
3. BARNES, H.E. et TEETERS, N.K., *New horizons in criminology*, 1re éd., New York, Prentice Hall, 1943.
4. BARTSCH, G., *Geschäftsleben und Polizei*, Heidelberg, Kriminalistik, 1952.
5. BAUER, F., *Das Verbrechen und die Gesellschaft*, München, Ernst Reinhardt, 1957.
6. BECCARIA, C. de, *Des délits et des peines*, trad. M. CHEVALLIER, Genève, Droz, 1965.
7. BECKER, H.S., *Outsiders, Studies in the sociology of deviance*, 2e éd., New York, The free Press, 1973.
8. BEMMELEN, J. van, *Criminologie (Leerboek der Misdaadkunde)*, Zwolle, Tjeenk Willink, 1942.
9. BEMMELEN, J. Van strafbaarstelling en afschaffing van strafbaarheid van feiten, in *En hommage à Jean Constant*, Liège, Faculté de droit, 1971, 339-358.
10. BERGER, G., *Phénoménologie du temps et prospective*, Paris, P.U.F., 1964.
11. BERTLING, G., *Wirtschaftskriminalität*, Wiesbaden, Bundeskriminalamt, 1956.
12. BOARD OF TRADE, *Report of the Committee on Bankruptcy Law and Deeds of Arrangement Law Amendment*, Londres, H.M.S.O., 1957.
13. BOBON, J., *Psychoses, dysgénésies, démences*, 4e éd., Liège, Nélissen, 1972.
14. BONGER, W.A., *Criminalité et conditions économiques*, Amsterdam, Maas en Van Suchtelen, 1905.

15. BOUDON, R. et LAZARSFELD, P.F., *L'analyse empirique de la causalité*, Paris, Mouton, 1966.

16. BOURDIEU, P., CHAMBOREDON, J.C. et PASSERON, J.C., *Le métier de sociologue*, 2ᵉ éd., Paris, Mouton, 1973.

17. BUIKHUISEN, W. et JONGMAN, R.W., Typen Jeugddelinkwenten : een empirisch Onderzoek, *Ned. Tijdschr. v. Criminologie*, 1968, 105-120.

18. CALEWAERT, W., *Oplichting en Oplichter, in Belgische Strafrecht en sociale Werkelijkheid*, Antwerpen, Standaard, 1953.

19. CANEPA, G., *Personalità e delinquenza*, Milan, Giuffrè, 1974.

20. CARBONNELLE, C., Recherches sur l'évolution de la production en Belgique de 1900 à 1957, *Cahiers écon. Bruxelles*, 1959, 353-377.

21. CASSIERS, L., *Le psychopathe délinquant*, Bruxelles, Dessart, 1968.

22. CHAMBLISS, W.J., *Crime and the legal Process*, New York, McGraw-Hill, 1969.

23. CHAMBOREDON, J.C., La délinquance juvénile, Essai de construction d'objet, *Rev. fr. Sociol.*, 1971, 335-377.

24. CHAPMAN, D., *Sociology and the stereotype of the criminal*, Londres, Tavistock, 1968.

25. CLINARD, M.B. et QUINNEY, R., *Criminal behavior systems, A typology*, New York, Holt, Rinehart and Winston, 1967.

26. CLOQUET, A., *Le sort du créancier de l'insolvable*, Union des juges consulaires de Belgique, 1974.

27. COHEN, A.K., *La déviance*, trad. J.P. VAN ROY, Gembloux, Duculot, 1971.

28. COLAS, R., Les états dangereux prédélictuels et la désertion, *Rev. dr. pén. milit.*, 1962, 233-243.

29. COLLMANN, H.J., *Internationale Kriminalstatistik*, Stuttgart, Enke, 1973.

30. CONSTANT, J., La formation du juge pénal, *Rev. dr. pén. crim.*, 1946-47, 553-586.

31. CONSTANT, J., *Éléments de criminologie*, Liège, Imprimeries nationales, 1949.

32. CONSTANT, J., A propos de l'École franco-belge du milieu social au XIXᵉ siècle, *Ann. Fac. droit Liège*, 1959, 35-58,

et *Bull. Adm. pénit.*, 1959, 35-57.

33. CONSTANT, J., éd., *Commémoration du centenaire du Code pénal belge*, Université de Liège, 1968.

34. CONSTANT, J., La répression de l'insolvabilité frauduleuse en droit belge, in *Études en l'honneur de Jean Graven*, Genève, Georg, 1969, 21-39.

35. COPPENS, P., éd., *Idées nouvelles sur le droit de la faillite*, Bruxelles, Bruylant, 1969.

36. CORMIER, B.M., Les états dépressifs et les actes délictueux, *Ann. int. criminol.*, 1970, 377-415; Passage aux actes délictueux et états dépressifs, *Acta psychiat. belg.*, 1970, 103-153.

37. CORNIL, P., Criminalité et déviance, Essai de politique criminelle, *Rev. sc. crim.*, 1970, 289-307.

38. COSSON, J., *Les industriels de la fraude fiscale*, Paris, Seuil, 1971.

39. CRESSEY, D.R., *Other People's money, A study of the social psychology of embezzlement*, Glencoe, The Free Press, 1953.

40 DAVIDOVITCH, A., L'escroquerie et l'émission de chèques sans provision à Paris et dans le département de la Seine, Enquête de sociologie criminelle, *Année sociol.*, 1957, 3-130.

41. DAVIDOVITCH, A., Le fonctionnement du concept de responsabilité individuelle dans le cadre judiciaire, in LEAUTE, J., éd., *La responsabilité pénale*, Paris, Dalloz, 1961, 223-283.

42. DAVIDOVITCH, A., Le Ministère public, Statistique de l'activité des tribunaux de grande instance en 1964, Essai de typologie, *Compte général de l'administration de la justice en 1967*, Paris, Ministère de la justice, 1969, R. 87-R. 171.

43. DAVIDOVITCH, A. et BOUDON, R., Les mécanismes sociaux des abandons de poursuites, *Année sociol.*, 1964, 111-244.

44. DEBUYST, Chr., *Criminels et valeurs vécues, Étude clinique d'un groupe de jeunes criminels*, 2e éd., Paris, Nauwelaerts, 1960.

45. DE GREEFF, E., *Introduction à la criminologie*, 2e éd., t. I, Bruxelles, Vandenplas, 1947.

46. DEL MARMOL, Ch., *La faillite en droit anglo-saxon*, Paris.

L.G.D.J., 1936.

47. DEL MARMOL, Ch., La transformation des procédures de faillite et des mesures préventives sous l'influence de la crise économique, *Rev. Inst. b. dr. comp.*, 1936, 174-188.

48. DELMAS, prés., *Aspects économiques de la faillite et du règlement judiciaire (Études des mécanismes)*, Paris, Sirey, 1969.

49. DESSAUR, C.I., La perception de la déviance et son traitement, in *Déviances et réactions sociales*, Bruxelles, Fond. int. pén. pénit., 1972, 79-117.

50. DE WAELE, J.P., *La méthode des cas programmés en psychologie de la personnalité et en criminologie*, Bruxelles, Dessart, 1971.

51. DIX, L.V., *Commission to study Bankruptcy Laws*, Washington, U.S. Government Printing Office, 1968.

52. DOLPHIN, *An analysis of economic and personal factors leading to consumer's bankruptcy*, Graduate School of Business Administration, Michigan State University, 1965.

53. DOUGLAS, J.D., éd., *Deviance and respectability, The social construction of moral meanings*, New York, Basic Books, 1970.

54. DURKHEIM, E., *Le suicide, Étude de sociologie*, Paris, Alcan, éd. de 1930.

55. ELLENBERGER, H.F., *Criminologie du passé et du présent*, Presses universitaires de Montréal, 1969.

56. ENGEL, S.W., Towards an integrated clinical-dynamic criminology: A German Approach, *Int. J. Offender Ther.* 1972, 45-52.

57. FATTAH, E.A., L'évaluation des gains et des pertes pour l'économie nationale, résultant de certaines activités criminelles, in SZABO, D., éd., *Le coût de l'administration de la justice et de la criminalité*, Ottawa, Information Canada, 1971, 43-51.

58. FERRACUTI, F., La criminalité chez les migrants européens, in *Études relatives à la recherche criminologique*, vol. III, Strasbourg, Conseil de l'Europe, 1968, 9-77.

59. FERRI, E., *Sociologia criminale*, 4e éd., Turin, Bocca, 1900.

60. FRANCHIMONT, M., Et demain, la justice..., Essai de réfle-

xion prospective, *Journ. Trib.*, 1968, 53-60.

61. FRANÇOIS, L., *Introduction au droit social,* Liège, Faculté de droit, 1974.

62. GIBBONS, D.C., *Society, crime and criminal careers,* Englewood-Cliffs, Prentice-Hall, 1968.

63. GLUECK, S. et E.T., *Five hundred criminal careers*, rééd., New York, Kraus, 1965.

64. GOLDFARB, N., *An introduction to longitudinal statistical analysis*, Glencoe, The Free Press, 1960.

65. GREEN, W.E., Fraudulent failures, *The Wall Street Journal,* 9 septembre 1966, 1.

66. HALBWACHS, M., *Les causes du suicide*, Paris, Alcan, 1930.

67. HAMMERL, H., *Die Bankrottdelikte, Zur strafrechtlichen und kriminologischen Problematik des einfachen und schweren Bankrotts,* Francfort, thèse, 1970.

68. HEILBRONER, R.L. et al., *In the name of profit*, New York, Warner, 1973.

69. HELFER, Chr., Das Kavaliersdelikt, *Monatschr. f. Kriminol.,* 1967, 175-192.

70. HENTIG, H. von, *Der Desperado, Ein Beitrag zur Psychologie des regressiven Menschen,* Berlin, Springer, 1956.

71. HESS-HAEBERLI, M., Zur Psychologie des Risikos, in MERGEN-SCHÄFER, éd., *Kriminologische Wegzeichen,* Hambourg, Kriminalistik, 1967, 61-79.

72. HIRSCH, Ch.A., Le mécanisme de la carambouille, *Rev. int. criminol. pol. techn.,* 1964, 14-18.

73. HIRSCHI, T. et SELVIN, H.C., *Principles of survey analysis,* New York, The Free Press, 1973.

74. HOOD, R. et SPARKS, R., *La délinquance*, Paris, Hachette, 1970.

75. HOOVER, J.E., Investigation of fraudulent Bankruptcies by the Federal Bureau of Investigation, *The New York certified Public Accountant,* 1962, 187-194.

76. HOOVER, J.E., The Christmas Trade no Business wants, *Nation's Business,* 1967, 45-48.

77. HOUIN, R., Permanence de l'entreprise à travers la faillite, in *Aspects économiques de la faillite et du règlement judiciaire,* Paris, Sirey, 1969, 135-140.

78. HULSMAN, L.H.C., Le choix de la sanction pénale, *Rev. sc. crim.*, 1970, 497-545.
79. HUSS, A., éd., *Atteintes au crédit, Fraude fiscale*, Rev. dr. pén. crim., numéro spécial, 1973-74, 83-254.
80. JEPSEN, J. et PAL, L., Recherches prospectives sur le volume et la structure de la criminalité, in *Études relatives à la recherche criminologique*, vol. IV, Strasbourg, Conseil de l'Europe, 1969, 25-218.
81. JACOB, H., Judicial and political efficacy of litigants, A preliminary analysis, in GROSSMAN, J.B. et TANNENHAUS, J., éd., *Frontiers of judicial research*, New York, Wiley, 1969, 255-271.
82. JOHNSON, G.E.Q., Commentary of the Chandler Act or Revision of the Bankruptcy Act, *U.S. Code annotated*, titre XI, vol. contenant les sections 501 et sv., 1946, XI-XXXIX.
83. JOLY, H., *La France criminelle*, Paris, Léopold Cerf, 1889.
84. KAISER, G., *Kriminologie, Eine Einführung in die Grundlagen*, 2e éd., Karlsruhe, Müller, 1973.
85. KATZENBACH, N. de B., éd., *Task Force Report : Organized Crime*, Washington, U.S. Government Printing Office, 1967.
86. KEFAUVER, E., *Le crime en Amérique*, trad. A. GRALL, Paris, Horay, 1951.
87. KELLENS, G., Aspects criminologiques des ventes à tempérament, *Rev. dr. pén. crim.*, 1966-67, 779-845.
88. KELLENS, G., La vulnérabilité des dirigeants de sociétés aux peines de la banqueroute, *Rev. prat. sociétés*, 1970, 65-75.
89. KELLENS, G., Tendances actuelles du droit de la banqueroute, *Rev. dr. pén. crim.*, 1971-72, 1047-1077.
90. KELLENS, G., *Interactionnisme versus personnalité criminelle*, rapport au VIIe Congrès international de criminologie, Belgrade, Forum, 1973.
91. KNECHT, H., Erfahrungen bei der Untersuchung von Wirtschaftsdelikten, *Rev. pén. suisse*, 1969, 352-369.
92. KOSSACK, N.E., New steps to frustrate fraud, *Credit and financial management*, juin 1964, 12-45.
93. KOSSACK, N.E., « Scam », The planned Bankruptcy Racket,

    The New York Certified Public Accountant, 1965, 417-423.
94. KOSSACK, N.E. et DAVIDSON, S., Bankruptcy fraud : the unholy alliance moves in, *Credit and financial management*, avril 1966, 20-24.
95. KUTSCHINSKY, B., Aspects sociologiques de la déviance et de la criminalité, Aperçu des recherches empiriques, in *La perception de la déviance et de la criminalité*, Strasbourg, Conseil de l'Europe, 1972, 9-108.
96. LA BRUYÈRE, J. de, *Caractères*, éd. Nelson, Paris, 1956.
97. LEMERT, E.M., *Human deviance, social problems and social control*, 2ᵉ éd., Englewood-Cliffs, Prentice Hall, 1972.
98. LESCURE, J., *Des crises générales et périodiques de surproduction*, 4ᵉ éd., Paris, Domat-Montchrestien, 1932.
99. LITHNER, Kl., Gäldenärsbrott och gäldenärsbrottlingar, *Nordisk Tidsskrift for Kriminalvidenskab*, 1958, 1, 31-38.
100. LOMBROSO, C., *Palimpsesti del Carcere*, Turin, Bocca, 1888.
101. LOMBROSO, C., *Le crime, causes et remèdes*, 2ᵉ éd., Paris, Alcan, 1907.
102. LOPEZ-REY, M., Considérations critiques sur la criminologie contemporaine, *Ann. Fac. droit Liège*, 1966, 333-347.
103. LYON-CAEN, Ch., *Loi anglaise sur la faillite, du 25 août 1883, traduite et annotée*, Paris, Imprimerie nationale, 1888.
104. MARCHANT, S., *Les faillites en Belgique*, conférence à la Jeune Chambre économique de Liège, dactylographie, mars 1969.
105. MEAD, G.H., *L'esprit, le soi et la société*, trad. de J. CAZENEUVE, E. KAELIN et G. THIBAULT, Paris, P.U.F., 1963.
106. MELLOR, A., *Le chantage dans les mœurs modernes et devant la loi*, Paris, Sirey, 1937.
107. MERGEN, A., La personnalité du « criminel à col blanc », *Rev. int. criminol. pol. techn.*, 1970, 265-270.
108. MERLIN, M., *Répertoire universel et raisonné de jurisprudence*, 5ᵉ éd., t. XI, vis Escroquerie et Faillite et banqueroute, Bruxelles, Tarlier, 1826.
109. MERTON, R.K., *Éléments de théorie et de méthode sociologiques*, trad. H. MENDRAS, 2ᵉ éd., Paris, Plon, 1965.
110. MEWISSEN, L., *Het politieonderzoek naar eenvoudige en bedrieglijke bankbreuk*, Gand, Story-Scientia, 1970.

111. MEZGER, E., *Kriminologie, Ein Lehrbuch*, Munich, Beck, 1951.

112. MORRIS, N., *The habitual criminal*, Université de Londres, The London School of Economics and political Science, 1951.

113. NEUBAUER, U., *Konkursdelikte im Landgerichtsbezirk Düsseldorf (1948-1959)*, Bonn, thèse, 1963.

114. NICEFORO, A., *Criminologia*, t. 4, Milan, Boccà, 1952.

115. NOLS, E., et PICARD-VANHERK, C., *L'économie de la région verviétoise*, Liège, Ed. du Conseil économique wallon, 1963.

116. O.E.C.E., *Statistiques industrielles 1900-1957*, Paris, 1958.

117. PASCAL, Bl., *Pensées*, éd. Hiard, Paris, 1832.

118. PAULUS, J., *Réflexes, émotions, instincts*, Bruxelles, Dessart, 1974.

119. PELOQUIN, J.P., Le délit de fuite : son auteur, la législation en vigueur et son éventuelle orientation, *Gaz. Palais*, 1969, doctrine, 56-64.

120. PETER, L.J. et HULL, R., *Le principe de Peter*, trad. de F.M. WATKINS, Paris, Stock, 1970.

121. PHALON, R.A., The scandal in personal bankruptcy, *Dun's Review* (New York), mars 1963, 35-69.

122. PIERON, H., *Vocabulaire de la psychologie*, 2e éd., Paris, P.U.F., 1957.

123. PINATEL, J., Criminologie, t. III du *Traité de droit pénal et de criminologie* de P. BOUZAT et J. PINATEL, 2e éd., Paris, Dalloz, 1970.

124. PINATEL, J., *La société criminogène*, Paris, Calmann-Lévy, 1971.

125. PINTY, J.J. et GAULTIER, Cl., *Dictionnaire pratique de mathématiques et statistiques appliquées aux sciences humaines*, Paris, Ed. universitaires, 1971.

126. POPPER, K.R., *The Logic of scientific discovery*, 2e éd., New York, Harper and Row, 1965.

127. PREVOST, Y., prés., *Crime, justice and society*, vol. 3, t. 2, Crime in Québec, The peaks of Quebec criminality, Québec, Roch Lefebvre, 1969.

128. PROAL, L., *Le crime et la peine*, 3e éd., Paris, Alcan, 1899.

129. QUETELET, A., *Recherches statistiques sur le Royaume des Pays-Bas*, Bruxelles, Tarlier, 1829.

130. QUETELET, A., *Physique sociale, ou Essai sur le développement des facultés physiques de l'homme*, 2e éd., Bruxelles, Muquat, 1869.

131. RAPPAPORT, E.S., *La banqueroute dans la législation moderne comparée*, trad. de H. KORAL, Paris, Sirey, 1927.

132. RAW, Ch., PAGE, Br. et HODGSON, G., *Voulez-vous vraiment être riche?*, trad. de H. JOËL, Paris, Laffont, 1972.

133. RENGBY, S., prés., *Méthodes des études prévisionnelles de la criminalité*, Strasbourg, Conseil de l'Europe, 1974.

134. RENOUARD, A. Ch., *Traité des faillites et des banqueroutes*, éd. augmentée par J. BEVING, Bruxelles, Librairie du Panthéon classique et littéraire, 1851.

135. ROBERT, Ph. et KELLENS, G., Nouvelles perspectives en sociologie de la déviance, *Rev. fr. sociol.*, 1973, 371-395.

136. ROBERT, Ph. et LASCOUMES, P., *Les bandes d'adolescents, Une théorie de la ségrégation*, 2e éd., Paris, Les éditions ouvrières, 1974.

137. ROCHEBLAVE-SPENLÉ, A.M., *La notion de rôle en psychologie sociale, Étude historico-critique*, Paris, P.U.F., 1962.

138. RUBINGTON, E. et WEINBERG, M.S., *Deviance, The interactionist perspective (Text and readings in the sociology of deviance)*, New York, Macmillan, 1968.

139. RUTH, H.S.Jr, Why organized crime thrives, *The Annals*, n° 374, novembre 1967, 113-122.

140. SAUVY, A., Quelques aspects économiques et démographiques de la criminalité, *Population*, 1970, 759-769.

141. SCHULTZ, H., Les délits économiques et la prévention générale, *Journ. Trib.* (suisse), 1967, 130-150.

142. SCHULTZE, Insolvenzen in der Statistik, in *Wirtschaftsdelikte, einschliesslich der Korruption*, Wiesbaden, Bundeskriminalamt, 1957, 26.

143. SCHUR, E.M., Crimes without victims, Englewood-Cliffs, Prentice-Hall, 1965.

144. SCHUR, E.M., *Labeling deviant behavior: its sociological implications*, Londres, Harper and Row, 1971.

145. SCREVENS, R., *L'interdiction professionnelle en droit pénal,*

Bruxelles, Librairie encyclopédique, 1957.

146. SKROTZKI, F.A., *Konkursdelikte, Eine Kriminologische Untersuchung im Landgerichtsbezirk Hannover in den Jahren 1955-1957*, Hambourg, thèse, 1963.

147. SMIGEL, E.O. et ROSS, H.L., *Crimes against bureaucracy,* New York, Van Nostrand, 1970.

148. SOLAL, A., Les nouveaux concepts introduits dans le droit des faillites par la loi du 13 juillet 1967, Réflexions sur la prise de conscience du changement dans l'ordonnancement juridique, *Rev. trim. dr. comm.*, 1969, 719-736.

149. SPENCER, J.C., White-collar crime, in GRYGIER, T., éd., *Criminology in transition*, Londres, Tavistock, 1965, 233-266, et in GEIS, G., éd., *White-collar criminal*, New York, Atherton Press, 1968, 335-346, sous le titre : A study of incarcerated white-collar offenders.

150. STRYCHARZ, S., *La faillite individuelle, Les aspects sociaux, économiques et criminologiques de la faillite,* Université de Montréal, Centre international de criminologie comparée, 1971.

151. SUSINI, J., Un concept clef pour une police évolutive : la prospective, Aspects exploratoires, *Rev. sc. crim.*, 1969, 925-934.

152. SUTHERLAND, E.H., *Chic Conwell, professional thief,* Chicago, University Press, 1927, trad. française de l'éd. de 1937 : *Le voleur professionnel, vu par un voleur de profession,* Paris, Spes, 1963.

153. SUTHERLAND, E.H., Rapport au Congrès pénal et pénitentiaire de Berlin, 1935, *Actes du congrès*, IV, 187 et sv.

154. SUTHERLAND, E.H., *White Collar Crime*, 2e éd., par D.R. CRESSEY, New York, Holt, Rinehart and Wilson, 1961.

155. SUTHERLAND, E.H. et CRESSEY, D.R., *Principes de criminologie,* trad. de la 6e éd., 1960, Paris, Cujas, 1966.

156. SZABO, D., *Crimes et villes,* Paris, Cujas, 1960.

157. SZABO, D. et NORMANDEAU, A., *Déviance et criminalité,* Paris, Colin, 1970.

158. TARDE, G., La criminalité et les phénomènes économiques, *Arch. Anthropol. crim.*, 1901, 565-575.

159. TARDE, G., *Psychologie économique,* Paris, Alcan, 1902, t. 2.

160. TARDE, G., *Les lois de l'imitation,* 7e éd., Paris, Alcan, 1921.

161. TAYLOR, I., WALTON, P. et YOUNG, J., *The new criminology, For a social theory of deviance,* Londres, Routledge and Kegan Paul, 1973.

162. TEUFEL, M., *Betrügerischer Bankrott und Kriminalistik,* Hambourg, Kriminalistik, 1972.

163. THEOLLEYRE, J.M., L'histoire complète et précise de la ruine d'une étude notariale, *Le Monde,* 28 mai 1970, 12, et 31 mai-1er juin 1970, 20.

164. TIEDEMANN, Kl., *Welche strafrechtlichen Mittel empfehlen sich für eine wirksamere Bekämpfung der Wirtschaftskriminalität?,* Munich, Beck, 1972.

165. TIEDEMANN, Kl. et COSSON, J., *Straftaten und Strafrecht im deutschen und französischen Bank- und Kreditwesen,* Cologne, Carl Heymanns, 1973.

166. TOMPKINS, D.C., *White Collar Crime, A Bibliography,* Berkeley, University of California Press, 1967.

167. ULLRICH, W., *Konkursdelikte, unter besonderer Berücksichtigung des Landgerichtsbezirks Essen in den Jahren 1945-1958,* Bonn, thèse, 1961.

168. VAN DER GUCHT, J., Le service de dépistage des entreprises en difficultés, *Jur. comm. Belg.,* 1969, 65-72.

169. VAUTERIN, C., Conduites suicidaires et criminologie, in COLIN, M., éd., *Études de criminologie clinique,* Paris, Masson, 1963, 155-191.

170. VERIN, J., Les problèmes clés en criminologie, *Rev. sc. crim.,* 1970, 429-434.

171. VERNET, J., La prévention des crimes de sang, in BESSON, A., éd., *La prévention des infractions contre la vie humaine et l'intégrité de la personne,* Paris, Cujas, 1956, t. II, 177-204.

172. VERSELE, S.C., Aspects juridiques de la perception de la déviance et de la criminalité, in *La perception de la déviance et de la criminalité,* Strasbourg, Conseil de l'Europe, 1972, 143-171.

173. VODOPIVEĆ, K., *Relation entre la recherche scientifique et la politique criminologique,* rapport au VIe Congrès international de criminologie, Madrid, 1970.

174. WICKERSHAM, G.W., prés., National Commission on Law Observance and Enforcement, *Report on the cost of crime*, Washington, U.S. Government Printing Office, 1931.

175. WOFGANG, M.E., Socio-economic factors related to crime and punishment in Renaissance Florence, *Journ. Crim. Law Criminol.*, 1956-57, 311-330.

176. WRIGHT MILLS, C., *Les cols blancs, Essai sur les classes moyennes américaines*, trad. de A. CHASSIGNEUX, Paris, Maspero, 1966.

177. YAMARELLOS, E. et KELLENS, G., *Le crime et la criminologie*, Verviers, Marabout-Université, 1970.

178. YOSHIMASU, S. et KOGI, S., Études criminologiques et psychiatriques au Japon, *Acta criminol.*, 1969, 145-168.

179. ZIRPINS, W., Vorbeugende Bekämpfung « neuralgischer » Insolvenzen, in MERGEN, A., éd., *Aktuelle Kriminologie*, Hambourg, Kriminalistik, 1969, 179-189.

180. ZIRPINS, W. et TERSTEGEN, O., *Wirtschaftskriminalität, Erscheinungsformen und ihre Bekämpfung*, Lübeck, Schmidt-Römhild, 1963.

TABLE DES MATIÈRES

Christian Debuyst et Julienne Joos

L'ENFANT ET L'ADOLESCENT VOLEURS

« Quelle est la portée du vol? Que cache-t-il? A partir de quel moment devient-il une manière d'être pleinement assumée par certains qui se placent systématiquement en marge? Est-ce là pure frustration compensée, sorte de soustraction facilitée par quelque absence de sens moral comme se plairont à dire les censeurs? Ou s'arrête le normal, où commence le pathologique?

Non, il y a bien autre chose dans le vol: l'enfant, l'adolescent ne chapardent pas uniquement par simple besoin matériel ou au nom de quelque contestation sociale; la signification est au-delà de l'acte initial et dépasse la notion de propriété privée: manque affectif, isolement, abandon, conduite subsidiaire inconsciente, valorisation de l'individu au sein du groupe, il existe autant de types de vol qu'il y a de voleurs, le noyau central se situant au niveau des relations mère-enfant, ceci à un stade précoce de développement.

L'œuvre de ces deux psychologues, véritables spécialistes de la délinquance juvénile, intéresse à plus d'un titre toute personne sensibilisée aux problèmes éducatifs. »

Combat

Dr. Etienne De Greeff

AMOUR ET CRIMES D'AMOUR

« Une grande partie de cet ouvrage est consacrée à l'étude de la psychologie des futurs criminels. Suivent des enquêtes sur un certain nombre de crimes bien définis. L'auteur établit ensuite la responsabilité du criminel, responsabilité qui ne doit pas être recherchée au moment de l'action. Le remords, enfin, n'existe que sous la forme de souvenir d'une action maladroite : pour le criminel, sa victime reste fautive et digne d'un châtiment éternel. Les conclusions d'E. De Greeff qui concordent avec celles des romanciers et des dramaturges de génie qui l'ont précédé, tiennent compte des conditions sociales, morales et religieuses. Livre passionnant, bien conçu, dont les conseils seront précieux à tous ceux dont la profession touche au juridique et également aux étudiants ». *Notes Bibliographiques*

« Ce livre remarquable mérite toute l'attention des criminologues et des psychologues aussi bien que celle des non-spécialistes, car c'est un livre qui parle un langage profondément humain. Ici, comme dans ses romans actuellement réédités en collection de poche, De Greeff nous parle simplement et directement des raisons de cœur qu'il connaissait si bien. » *Choisir*